김남일 산문집

문학동네

『책』을 펴내며

"감당할 수 없을 만큼의 슬픔이 밀려와 사방을 둘러봐도 막막하기만 할 때에는 그저 땅을 뚫고 들어가고 싶을 뿐, 살고 싶은 마음이 조금도 없다."*

어떡하겠는가, 당신이라면?

조선시대에 이덕무라는 선비가 있어 이렇게 말했다.

"하지만 다행스럽게도 나에게는 두 눈이 있고 글자를 알기에 한 권의 책을 들고 마음을 위로하면, 잠시 뒤에는 억눌리고 무너졌던 마음이 조금 진정된다."

아무리 생각해봐도 나라면 통 그럴 수 없을 것 같다. 아마 읽고 싶던 책도 징그러워지지 않을까. 세상에는 별의별 사람이 다 있어서, 책으로 슬픔을 달래는 사람도 있기는 있는 모양이다. 하긴, 이덕무는 그런 자신이 얼마나 한심했으면 스스로 '책에 미친 바보(看書痴)'라고 했을까.

책에 관한 책을 쓴다면 적어도 그런 이가 제격일 터. 나는 그런 이하고는 거리가 멀다. 책을 좋아하기는 하지만 남 앞에서 내세울 만큼은 결코 아니다. 주변을 슬쩍 돌아보기만 해도 '책에 미친 바보'는 적지 않다. 누구는 인터넷 경매 사이트까지 들어가 한 권에 수십만원 하는 고서를 서슴없이 사들이는 걸 취미라고 말하는가 하면, 또 누구는 볼 때마다 "형, 나한테 뭐 줄 책 없어?" 하고 조르기도 한다. 겉모습만 보면 책하고는 담을 쌓아도 한참 쌓았을 성싶은 한 시인이 있는데, 실은 그가 걸어다니는 백과사전이다. 얼마 전 그하고 술을 마시던 중 잘난 척 좀 하려고 고대 수메르 지방에 전해지던 서사시 「길가메시」 이야기를 꺼냈다가 본전도 뽑지 못한 적이 있다. 그는 현재 엄청나게 바쁜 일을 맡고 있는데도 독서량만큼은 조금도 줄지 않았던 것.

그런 '바보'들이 아니더라도 책에 관해서라면 누군들 또 할말이 없겠는가. 하다못해 책만 들면 졸음이 쏟아져 결국에는 베개 대신 베고 잘지언정 말이다. 하여, 나도 감히 책에 관한 책을 내기로 만용을 부려본다.

이덕무가 다시 말한다.

"흰 좀벌레 한 마리가 나의 『이소경離騷經』에서 추국(秋菊), 목란(木蘭), 강리(江籬), 게거(揭車) 등의 글자를 갉아먹었다. 처음에는 너무 화가 나서 잡아죽이려 했는데, 조금 지나자 그 벌레가 향기로운 풀만 갉아먹은 것이 기특하게 여겨졌다."

훗날, 좀벌레가 이 책에서 갉아먹을 게 조금이라도 있으면 좋겠다.

대부분 '시효'가 지난 글들이라 편집부에서 꽤나 난감했을 것이다. 그렇다고 새로 쓴 글인 양 고쳐 쓰고 싶은 마음은 없으니, 어쩌랴! 어차피 전광석화처럼 변하는 세상이다. 회칠로 낙서를 지우기보다는 낙서를 가능한 한 낙서 그대로 보여주는 길을 택했다. 다만, 간간이 '부기'를 통해 세월의 간극을 조금이나마 메워보려고 나름대로 안간힘을 썼다. 이해해주시리라 믿는다.

평생 딱 세 권의 산문집을 내고 싶다. 멋을 좀 부려 '산/책/길'이라고 이름지었다. 말 그대로 산과 책과 길에 관한 책들이다. 이제 외우 강태형 사장의 도움으로 『책』을 처음으로 펴내는데, 글쎄, 올라도 올라도 산은 까마득히 높고 걸어도 걸어도 길은 아득히 멀기만 하니, 언제 여러분과 다시 만날지 모르겠다.

2006년 초여름
김남일

---

* 이덕무, 『책에 미친 바보』, 권정원 옮김, 미다스북스, 2004.

차례

「책」을 펴내며

제1부 책: 아주 오래된 농담

서점, 희미한 옛사랑의 그림자 _ 13 | 아주 오래된 농담 1 _ 22

아주 오래된 농담 2 _ 27 | 아주 오래된 농담 3 _ 33

하고많은 욕심 중의 책 욕심 _ 39 | 현실적으로 가장 가능할 것 같은 꿈 하나 _ 45

책장 위의 먼지와 침묵 _ 52 | 책의 무게, 슬픔의 무게 _ 60

영월엔 책박물관이 있다 _ 66 | 부끄럽지 않은 질투심 _ 73

저자들, 혹은 저주받은 운명 _ 80 | 책 앞에 부끄럽다 _ 87

진짜 원조 왕솥뚜껑 생삼겹살집 _ 90 | 생의 한 순간 _ 93

가끔은 책을 덮고 _ 96 | 사전이여, 안녕! _ 99 | 책 읽는 소리가 그립다 _ 106

제2부 내 마음의 불온서적

그리운 불온서적 _ 113 | 80년 서울의 봄, 그리고 '시뻘건' 무크 _ 120

불온한 연애시? _ 126 | 들어라 양키들아, 제발! _ 132

여기, 자랑스러운 조선인 혁명가가 있다! _ 138 | 백기완 표 민족주의, 민중주의 _ 145

야만의 광기 속에 피어난 흰 장미 _ 151 | 러시아 혁명의 대서사시 _ 157

아오자이가 말하는 항쟁의 역사 _ 163 | 모든 불온한 것들 중에서도 가장 불온한 _ 170

제3부 쓸데없이 내가 읽은

유나바머, 21세기의 화두 _ 179 | 첫사랑으로 돌아가라 _ 182

전쟁만이 아는 슬픔 _ 185 | 전복적 상상력으로 살려낸 역사 _ 187

무엇을 어떻게 기억할 것인가 _ 190 | 한 사학자의 육이오 일기 _ 193

인문학의 절멸 위기에 맞서 싸우는 한 동양사학자의 외로운 투쟁 _ 196

메추라기 합창을 한 번 듣기 위해 여섯 번쯤 어두운 새벽에 일어난다고 해도 _ 199

비트는 일의 즐거움 _ 202 | 길에 감동이 있으니 _ 204

인생의 연주자들을 위하여 _ 207 | 한 월북 지식인에게 눈길을 _ 209

잃어버린 총체성을 찾아서 _ 212 | 침략자의 시간에서 인간의 시간으로 _ 218

"거치적거릴 만큼 많은 기억"의 힘 _ 226 | 진정한 주체로 서는 일 _ 238

21세기 지구의 지정학 _ 246 | 아름다운 정원을 어떻게 빠져나왔을까 _ 249

과거에서 미래를 본다 _ 254

제1부

책: 아주 오래된 농담

서점은 그저 책만 사고팔던 가게가 아니었다. 무수한 이들에게 한때 그곳은 지독한 유혹이었으며, 때로는 안타까움이었고, 때로는 그득한 만족감 그 자체이기도 했다. 저기, 당신의 지난 시절 한때의 모습이 보인다. 당신은 서점에서 책을 고르면서도 마음은 딴 데 가 있다. 흘깃흘깃, 곁눈질로 누군가를 좇는다. 아까부터 세계문학 책장 앞에서 정신없이 『데미안』을 읽고 있는 소녀. 가까이 다가가고 싶다. 말을 해야지. 『지와 사랑』은 읽어보셨나요? 당신은 차마 걸음을 떼지 못한다. 그런 생각에 갑자기 얼굴이 빨개지는 당신. 바로 그 순간 세일러복에 머리를 두 가닥으로 딴 그 여학생의 얼굴도 능금처럼 발그레해졌다.

_서점, 희미한 옛사랑의 그림자

지금도 완전히 극복했다고 자신하기는 어렵지만, 소설가로 등단한 후 한동안 지독한 고향 콤플렉스에 시달린 적이 있다. 그건 내가 함안이라든지 영광, 순창, 칠곡, 평창, 양평 같은 데서 태어나지 않고 서울 가까운 중소도시에서 태어났다는, 나로서는 어찌할 수 없었던 '출생의 비밀' 때문이었다. 이럭저럭 문단에 얼굴을 내밀게 되었을 때, 그리하여 위아래 세대가 어울려 곱창이나 노가리를 앞에 놓고 술잔을 나누게 되었을 때, 고향 이야기만 나오면 꿔다놓은 보릿자루처럼 할말이 별로 없었다. 내가 나고 자란 수원은 고향 축에도 끼지 못했다.

무릇 고향이란, 특히 글쟁이들에게 고향이란, 아침 겨우 때우고 나면 막바로 점심 걱정을 하는 징글징글한 굶주림과 자고 나면 꿈처럼 늘어나는 빚, 그리고 점심시간 물배를 채운 뒤 퀭한 눈으로 올려다보는 유난스레 새파란 하늘 같은 것이었고, 온갖 종류의 풀과 꽃과 나무 이름이었으며, 인공 시절 뒤란 대숲에서 싸늘한 시체가 되어버렸다는 삼촌의 빛바랜 흑백사진 속 잘생긴 얼굴과, 그런 삼촌을 가슴에 묻고 평생 수절한 숙모의 너무도 어여쁜 볼연지 같은 것이었으며, 때로는 장터 마당에 코주부 안경을 끼고 나타나 쿵짝쿵짝 북을 치던 약장수라든지 이마로 못을 박고 안광으로 벽돌을 깨고 입으로 불을 토해내던 천하괴력의 차력사이기도 했다. 말하자면 지금은 기억마저 희미해져 더욱 아련하기만 한 옛사랑의 그림자 같은 것, 그게 바로 고향이었다.

컴퓨터 앞에 앉아 이 글을 쓰는 지금, 서점의 운명이 꼭 그렇다는 느낌이 든다. '고향'을 힘주어 자랑하는 동료작가들이 술자리가 끝나 신림동이며 일산이며 목동으로 뿔뿔이 흩어질 때 유난히 축 처져 보이는 어깨처럼.

고향 없이 자란 나로서도 기억 속에서 점점 희미해지는 몇 개의 서점을 아쉬운 마음으로 돌아볼 수는 있다.

모처럼 받은 용돈을 손에 쥐고 헐레벌떡 달려가던 동아서점.

시내 한복판에 있던 서점이니만큼 동아서점 주인은 손님 하나하나에 신경을 써주지는 못했는데, 교대로, 어쩌다가는 함께 나와 자리를 지키던 우리 부모님 연배쯤 되어 보이던 주인 부부의 얼굴은 지금이라도 꿰어맞출 수 있겠다. 어쨌거나 눈이 어질할 정도로 많은 책 가운데 내가 사는 것은 무조건 어린이 잡지였다. 내가 '뱀' '베라' '베로'를 처음 만난 것도 그런 잡지 속에서였는데, 아무리 착한 일을 하려고 해도 사람들은 그들을 이해해주지 않았다. 아아, 불쌍한 요괴인간들!

서점들은 왜 그리 부도가 자주 났을까. 남문 아래 큰길가에 서넛 붙어 있던 서점들은 내 흐린 기억으로도 돌아가며 한두 번씩은 부도를 겪었던 것 같다. 고등학교 시절, 서울 낙골 산동네 이모 댁에서 학교에 다니던 내가 모처럼 내려오면 빚쟁이들을 피해 온데간데없이 사라져버리곤 하던 우리집처럼!

더 크고 나서는 북문 앞 헌책방에 자주 들렀다.

그때 어쩌다가 『세대』라는 월간지를 사게 되었는데, 거기서 이병주의 장편 『지리산』과 홍성원의 『남과 북』을 발견하곤 곧바로 소설읽기의 재미에 푹 빠져버렸다. 한데 마치 벌레 먹은 이빨처럼 군데군데 빠진 호가 문제였다. 아무리 상상력을 발휘해도 식민지 시대 진주의 천재소년 박태영과 이규의 교토 행적을 온전히 꿰어맞출 수는 없었다. 미칠 지경이었지만, 가게 주인은 이미 중고생용 참고서를 주 상품으로 취급하느라 내가 찾는 『세대』에 대해서는 신경을 쓰는 눈치가 아니었다. 손님이니 그저 말은 "다음에 한번 들러요" 하긴 했지만, 다음에 찾아가도 빠진 구석을 쉽게 때우기는 힘들었다. 그래도 나는 악착같이 찾아갔고, 마침내 두 장편소설을 거의 다 잡지 발표본으로 읽어치울 수 있었다.

그 헌책방이 준 가장 큰 선물은 단연 조세희였다. 어디선가 그의 소설을 한 편 읽은 나는 도대체 궁금해서 견딜 수가 없었다. 어렵사리 알아낸 약력으로 미루어보건대 '난장이' 시리즈 두서너 편은 더 찾아 읽을 수 있을 텐데, 도무지 그 작품들이 실린 과월호 잡지들을 구할 길이 막막하기만 했다. 할 수 없이 나는 또 심드렁해하는 주인에게 아주 중요한 논문을 쓰는 중이니 꼭 좀 구해달라고 부탁했다. 지성이면 감천인가, 마침내 아직 세간에서 제대로 평가를 받지 못한 신예작가 조세희의 소설을 당시 시점에서 거의 모두 찾아 읽을 수 있게 되었다.

그해 여름, 나는 온몸에 땀띠가 나도록 골방에 틀어박혀 난생 처음 평론이라는 것을 썼다. 아아, 그때 그 책읽기의 즐거움이라니! 그렇게 애쓴 보람으로 나는 대학문학상까지 받았다.

종로서적을 처음 찾았을 때의 황홀함은 또 어디다 비길 수 있을까. 거기서 나는 지금의 세종문화회관 뒤 당주동 기와집에 살던 벗이 좋아한다던 '평균율' 동인의 시선집까지 살 수 있었다. 말하자면 없는 책이 없었던 것. 하지만 종로서적은 그저 책방이라기보다 번잡한 서울에서 누구라도 손쉽게 찾을 수 있는 약속 장소로서도 큰 구실을 했다.

아아, 예고도 없이 함박눈이 펑펑 쏟아지던 어느 겨울날, 종로서적 일층 현관 앞에서 초조하게 시계를 들여다보던 기억조차 없다면 내 청춘은 얼마나 쓸쓸했을까. 파스테르나크의 『어느 시인의 죽음』, 아니면 시몬 베유의 전기 『불꽃의 여자』를 돌돌 말아쥔 손아귀에서는 닦아도 금세 또 땀이 배어났고, 초조함을 견디지 못한 나는 다시 길가로 나가 벌써 몇 대째 담배를 태웠으리라. 지금이라고 크게 다르지는 않을 것이다. 종로서적에 들르는 손님들이여, 부디 바라건대, 꽤나 혼잡스럽더라도 거기서 목을 길게 빼고 누군가를 기다리는 청춘들을 이해해주시길!

청계천의 헌책방들도 내 기억 속에 남아 있기는 하다. 하지만 눈이 시원찮은 탓인지 나는 거기서 큰 재미를 보지는 못했는데, 내가 구하는 책마다 주인에게서 돌아오는 답변은 "없소. 그런 책들이 있으면 언제든지 가져오시오. 값은 후하게 쳐줄 테니"였다. 언젠가 어느 헌책방 앞에서 『내셔널 지오그래픽』을 찾아냈다. 지리학과에 다니던 누나가 학창 시절 마치 성서처럼 여기던 그 잡지에 대한 기억을 더듬어 슬쩍 값을 물어봤더니, 웬걸, 산전수전 다 겪었을 주인은 고개도 돌리지 않은 채 내 빈약한 호주머니로는 감히 감당할 수 없을 가격을 부르는 게 아닌가. 그런 판이었으니 나는 뿌리깊은나무 판 귀중본 같은 것들은 한 권도 손에 넣을 수 없었다.

내게 가장 뚜렷한 기억으로 남아 있는, 수원의 어느 허름한 책방 이야기를 할 차례가 된 것 같다.

그 책방은 세무서 뒤쪽 역전 가는 샛길가에 있었다. 근처에는 세무서에 들렀던 사람들이 점심을 먹으러 들르는 싼 국밥집이라든지 수입인지를 파는 대서소, 시골에서 올라와 봉제공장에 다니던 아가씨가 어찌어찌 결혼한 뒤 어찌어찌 문을 열게 되었을 허름한 양품점 같은 가게들이 어깨를 맞대고 있었을 것이다. 말을 보태고 뺄 것도 없이 볼품이라곤 하나도 없는 길이었는데, 언제부턴가 나는 자꾸 그 길로 걸음을 옮기곤 했다. 향교를 지나 팔달산이 끝나는 지점부터는 벌써 코에 짙게 묻어나는 불온한 냄새를 맡으면서.

'양서협동조합'

그게 책방의 이름이었다.

'조합'이라는 이름부터가 19세기 공상적 사회주의자들의 좌절된 욕망을 본뜬 것 같아, 진눈깨비라도 흩뿌리는 날이면 아무리 그러지 말자 생각해도 저만큼 책방이 보이는 샛길 초입에 들어서면 한 번쯤은 절로 걸음이 멈춰지게 마련이었다. 그때쯤이면 이미 길가 굴뚝에서 풍겨나오는 연탄가스 냄새가 진득하니 코끝에 달라붙었을 테고, 그러면 나는 오도 가도 못 한 채 멍하니 서서 한 시대가 강요하는 그 마뜩잖은 풍경에 부르르 진저리를 치곤 했을 것이다.

책방에는 늘 내 또래의 청년들이 두서넛은 있었다. 아는 얼굴도 있고, 처음 보는, 그러나 어딘가 분위기가 그곳에 늘 놓여 있는 의자처럼 전혀 낯설지 않은 얼굴이 더러 섞여들기도 했다. 겨울철이면 연탄난로가에 앉아 사람이 드나드는 것엔 관심을 두지 않은 채 책에 코를 박고 있는 교련복 차림의 대학생도 있었다. 모임이 있는 날에는 좁은 가게 안이 그런저런 청년들로 가득 찼다. 일어 공부를 하는 것. 그러나 그게 사실은 일어 공부가 아니었다. 다들 '자구발'이라고 줄여 불렀던 『자본주의의 구조와 발전』이라든지 이와나미 문고판 『韓國の經濟』와 같은 책들을 일 주일 치기로 읽어치우는 속성 독해모임이었다.

나는 모임의 그런 성격을 금세 눈치챘지만 이미 발을 뺄 수도 없었다. 어느 날 거기서 '남민전(남조선민족해방전선)'이라는 이름을 처음 들었다. '혁명'을 위해 재벌 회장집에 들어가 강도를 벌이다가 잡힌 '전사'의 이야기도 들었고, '조직'이며 '보안'이 얼마나 중요한가에 대해 몇몇이 나누는 이야기도 마치 일 년의 반은 눈이 내린다는 아득히 먼 북국(北國)의 전설인 듯 흘려듣기도 했다. 그곳에선 늘 연탄가스를 맡은 듯 가슴이 답답했을 것이다. 그런 가슴으로 읽어치우던 책들 ―『페다고지』『들어라 양키들아』『전환시대의 논리』『산체스네 아이들』『어느 돌멩이의 외침』『꽃도 십자가도 없는 무덤』『암태도』, 그리고 몇 권의 영·일어판 원서들.

1979년이었다. 그해 가을도 이슥하게 저물어갈 무렵, 나는 마침내 가위에 눌린 채 잠을 자다가 저승사자처럼 찾아온 청량리 경찰서 형사의 억센 손에 끌려가고 말았다.

지금, 그 시절을 생각하니 새삼 감개가 무량한 것도 그런 이유 때문이지만, 허름하기 짝이 없던 그 책방에서 청춘의 한 시절을 나와 함께 나누었던 이들, 그들은 다 어디서 무엇을 하고 있을까. 누구는 대학원을 나와 신문사에 들어갔는데, 하필이면 그게 왜 많은 이들로부터 손가락질을 받는 신문이었을까. 아버지의 빨간 호적 때문에 애초부터 '정상적'인 세상살이는 힘들 게 분명했던 또 누구는 시골에 가서 신용협동조합운동을 한다고, 당시 내 느낌으로도 참으로 안타까운 포부를 쓸쓸히 밝혔다. 나는 나를 그곳으로 끌고 간 가장 친한 벗의 근황조차 모르고 있다. 아아, 벗이여, 세월의 핑계를 대고 자꾸만 관계의 그물로부터 멀어지려고만 하는 이 나를 용서하시라! 벗이 나를 찾을 때쯤, 나는 아마 히말라야의 능선을 8부쯤 오르고 있을지도 모르는 일.

식민지 시대 최고의 문장가 상허 이태준은 서점에 대해 이렇게 말했다.

"서점에서는 나는 늘 급진파다. 우선 소유하고 본다. 정류장에 나와 포장지를 끄르고 전차에 올라 첫 페이지를 읽어보는 맛, 전찻길이 멀수록 복되다."(「책」,『무서록』, 범우사)

요즘 들어서 상허가 느꼈을 그 맛이 점점 사라져가고 있는 게 아닌가 싶은 생각이 부쩍 커졌다. 물론 책을 사기는 점점 편해져서 컴퓨터 앞에서 손가락만 까딱하면 집에 앉아서도 책을 받아볼 수 있는 세상이 되었다. 그것도 정가보다 헐한 값에. 그러나 그렇게 손에 넣은 책이 상허가 전찻간에 앉기 무섭게 펼쳐보았던 책하고 어찌 같은 맛을 내겠는가.

서점은 그저 책만 사고팔던 가게가 아니었다. 무수한 이들에게 한때 그곳은 지독한 유혹이었으며, 때로는 안타까움이었고, 때로는 그득한 만족감 그 자체이기도 했다. 그러다가 세월이 지났을 때, 어느 날 매일매일의 일상에 지쳐 어깨를 늘어뜨린 채 집으로 돌아오는 길, 버스 정류장 근처에서 문득 눈에 들어온 조촐한 간판 하나! 그것은 이제는 잃어버린 고향 같은 정겨움으로 당신을 이끌지도 모른다. 세월은 서점을 또하나의 고향으로 기억하게 하는 것인데, 자, 당신은 고향에 갈 마음의 준비가 되어 있는가.

저기, 당신의 지난 시절 한때의 모습이 보인다.

당신은 책을 고르면서도 마음은 딴 데 가 있다. 흘깃흘깃, 곁눈질로 누군가를 좇는다. 아까부터 세계문학 책장 앞에서 정신없이 『데미안』을 읽고 있는 소녀. 가까이 다가가고 싶다. 말을 해야지. 『지와 사랑』은 읽어보셨나요? 토마스 만은요? 『토니오 크뢰거』에서 말하는 예술가란 과연 누구일까요? 당신은 차마 걸음을 떼지 못한다. 그런 생각에 갑자기 얼굴이 빨개지는 당신. 그러나 낙심할 일은 아닐지도 모른다. 바로 그 순간 세일러복에 머리를 두 가닥으로 딴 그 여학생의 얼굴도 능금처럼 발그레해졌기 때문.

　이렇게 쓰고 보니, 서점은 이제 정녕 희미한, 아주 희미한 옛사랑의 그림자가 되어버린 것만 같아 새삼 가슴이 아리다.

(2000년)

＊부기 종로서적은 경영 악화로 인해 2002년 문을 닫았다. 지금 남은 대형서점들은 죄 땅속에 있어, 당연히 금연이다. 그래도 지상 출입구 앞에서 초조하게 시계, 아니 휴대폰을 들여다보며 담배를 태우는 청춘은 더러 있으리라.

_아주 오래된 농담 1

이제부터 독자 여러분에게 들려주는 이야기들은 아주 오래된 농담입니다.

"册만은 '책' 보다 '册' 으로 쓰고 싶다. '책' 보다 '册' 이 더 아름답고 더 '册' 답다."

『복덕방』을 쓴 소설가 이태준이 한 말이다. 책을 아끼고 사랑하는 마음이 물씬 풍겨나온다. 그런데 이게 벌써 까마득히 오래 전의 말이라 요즘에도 그 고전적 가치를 인정받을 수 있을지 적이 의심스럽다.

사실 얼마 전까지만 해도 책은 당연히 '册' 이었다. 그것 이외에 다른 형태로 책의 꼴을 떠올린다는 것은 무의미했다. 그러나 『직지심경』과 구텐베르크 이래로 근 천 년을 이어온 활판 인쇄술의 독점적 지위는 20세기의 마지막 십여 년간에 급격히 흔들리기 시작했다. 반도체 기술과 그를 활용한 컴퓨터의 급속한 발전은 우리 주변에서 흔히 볼 수 있었던 풍경 하나를 거의 완벽하게 지워버렸다. 우리는 이제 그 풍경 ─ 돋보기안경을 코끝에 걸친 채 시커먼 납활자를 하나하나 손으로 골라내던 할아버지의 모습을 기억의 창고에서나 겨우 끄집어낼 수 있을 뿐이다. 인쇄소 특유의 종이와 납과 기름 냄새, 어두운 작업장에서 부지런히 손을 놀리던 식자공들의 땀냄새, 그리고 철커덕철커덕 돌아가던 인쇄기 소리, 통로마다 가득 쌓여 발길을 막던 조판 상자들. 그만큼 복잡한 인쇄소 공중을 요리조리 용케도 떠다니던 일어로 된 전문용어들…… 이제 그런 풍경을 어디서 볼 수 있을까.

매킨토시 출판이 활판 인쇄의 장구한 역사에 종지부를 찍은 게 불과 얼마 전의 일이듯, 컴퓨터 시디롬이 등장해서 활판 인쇄보다 더 오랜 역사를 지닌 '책의 상형(象形)'에 대한 혁명을 가져온 것도 아주 최근의 일이다. 음악을 듣는 게 시디롬이 지닌 기능의 전부인 줄로만 알았던 우리 앞에 '보는' 시디롬이 나타난 것이고, 그때부터 자고 나면 곱절씩 발전하는 '배속'과 더불어 책의 상형적 이미지를 지배했던 '冊'의 지위에는 심각한 균열이 생기기 시작했다.

『국경』이라는 장편소설을 쓸 때의 일이다.

시대적 배경이 일제 치하였기 때문에 취재는 물론이고 자료를 가능한 한 완벽하게 수집하는 일이 무척 중요했다. 그 자료라는 것도 몇 년도에 어떤 일이 있었다는 식의 역사적 사실만 말하는 것이 아니었다. 무엇보다도 중요한 것은 20세기 후반에 태어난 내가 식민지 당대를 정서적으로 일체화하는 일이었다. 우리 할아버지 할머니들이 무엇을 먹고 어떤 옷을 입고 무슨 놀이를 하며 살았나. 우리 어머니 아버지들의 머리 모양은 어땠으며, 나무를 하러 갈 때는 어떤 노래를 불렀고 나물을 캘

때는 무슨 콧노래를 흥얼거렸나. 이런 시시콜콜한 '자료'들을 수집하는 첫번째 원천은 당연히 그들을 만나 이야기를 듣는 것이었다. 하지만 그들의 불완전한 기억을 보충해줄 문헌자료도 절대적으로 필요했다. 그때마다 일일이 책을 살 수 없는 노릇이어서 도서관을 바지런히 드나들어야 했다. 마침 『한국민족문화대백과사전』이 나왔다. 그 책은 우리 문화에 대한 온갖 시시콜콜한 사항들을 한눈에 파악할 수 있게 정리해놓은 것으로 스물일곱 권이나 되는 방대한 분량이었다. 정신없이 읽었다. 문제는 복사하는 일이 너무 힘들다는 사실이었다. 무게가 꽤 나가는 그 책 몇 권을 들고 사무직원의 허락을 받은 후 복사실로 가서 길게 늘어선 줄 꽁무니에 달라붙어 차례가 오기만을 기다릴 때, 가끔씩 용지가 걸리고 토너가 떨어지기라도 하면 눈앞이 캄캄해지게 마련이었다. 결국 큰맘을 먹을 수밖에 없었다. 거금을 들여 그 전집을 샀다. 그후 작업속도는 엄청나게 빨라졌지만, 어느 순간 나는 아주 허전한 느낌을 받게 된다.

'이거, 혹시 시디롬으로 나오는 게 아닌가'

그 무렵, 언제부턴가 책의 대명사로, 듣기만 해도 가슴을 설레게 했던 『브리태니커 백과사전(Encyclopaedia Britannica)』은 진작에 시디롬으로 나와 있던 상태였고, 나는 그 해적판을 단돈 얼마에 구입하는 '불법행위'에 가담한 경험이 있었다.

더욱 기막히는 일이 생겼다.

그 무렵까지 나는 어떤 일간지를 창간 준비호부터 하나도 거르지 않고 모아두고 있었다. 어쩌다 신문이 오지 않은 날이면 일부러 보급소에 전화를 걸어 다시 가져오게 했고, 거리로 뛰어나가 직접 신문을 사온 적도 한두 번이 아니었다. 몇 차례 이사를 하는 동안에도 그 신문더미를 꼬박꼬박 가지고 다녔는데, 이삿짐센터 사람들이 행여 그 낡은 '종이더미'들을 장농 깔개용이나 시켜 먹은 자장면 덮개용으로 쓰기라도 할까봐 가슴을 졸이기도 했다. 그러다가 어느 순간 나는 또 막막한 절벽 앞에 서게 되었다.

'에쿠, 이 신문도 당연히 시디롬으로 작업이 되고 있을 게 아닌가.'

그렇게 생각한 순간, 그 동안의 '수집수행'이 도로가 되어버리는 극심한 절망감과 아울러 내 자신의 미련함에 대해 배반감마저 느끼지 않을 수 없었다. 그날로 나는 과감한 결단을 내렸다. 아파트 관리소에 전화를 해서 마침 싹트기 시작한 재활용운동에 적극 동참하겠다는 뜻을 밝혔다. 경비 아저씨들이 부리나케 찾아왔고, 그들의 도움으로 나는 베란다 한쪽을 가득 메우고 있던 신문더미를 말끔히 치워낼 수 있었다.

7층 베란다 난간에 서서 멀어지는 리어카를 바라보던 심정…… 도대체 나는 무엇을 보내버린 것일까. 무엇으로부터 멀어지게 된 것이고, 무엇을 잃어버린 것일까.

잘 가라, 나의 역사여.

잘 가라, 나의 미련함이여.

잘 가라, 나의 말도 안 되는 집착이여.

그로부터 또 얼마 뒤 마침내『조선왕조실록』이 시디로 '구워져' (해적판으로 만든다는 뜻) 나왔다. 솔직히, 그때까지 어떤 시디들을 '불법'으로 구하든지 간에 양심의 가책을 거의 받지 않았지만, 『조선왕조실록』만큼은 달랐다. 무수한 학자들이 수십 년에 걸친 노력 끝에 탄생시킨 그것을 어떻게 그야말로 껌 값으로 살 수 있단 말인가. 그건 명백히 도둑질이었다. 스스로 지성인이라 자처하는 내가 껌 값으로 내 존재를 팔아먹는 행위였다. 메피스토펠레스의 유혹에 넘어가 영혼을 팔아먹은 파우스트…… 그러나 결국 나는 어떤 결론에 이르렀을까.

정리를 해보자.

나는 양심을 잃은 대신 헐값에 지식을 얻었다. 그러지 않아도 비좁은 아파트 베란다를 말끔히 청소하는 대신 이따금 바라보기만 해도 배가 부르던 그 어떤 포만감을 상실했다. 그때부터는 아파트 베란다만 봐도 늘 허기가 졌으니까. 좀벌레가 기어다니는 더러움을 없앤 대신 그 좀벌레 먹은 낡은 책장을 넘기며 맡던 구수한 냄새를 더이상 맡지 못하게 되었다. 돌덩이처럼 무거운 백과사전을 들고 길게 늘어선 줄 꽁무니에 붙어서는 수고를 하지 않게 된 대신 손가락을 깔딱깔딱 너무 자주 하다 보니 오른손 검지의 둘째 마디가 시큰거리는 통증을 얻게 되었다. 그러나 그건 수천 년 집적되어온 지식을 그야말로 번개 같은 찰나에 내 소유로 만드는 득에 비하면 백 번 천 번이라도 감내할 만한 고통이었다. 내가 잃은 것들, 그리고 내가 얻은 것들의 대차대조표는 과연 어떻게 되는가. 대선배작가 이태준의 '冊'에 대한 명상을 나는 과연 받아들일 자격이 있는 것일까.

(2000년)

_아주 오래된 농담 2

헤르만 헤세는 애서가였다. 그는 "옛 시인들의 시집을 뒤적일 때마다, 엄지와 검지손가락 사이에서 닳고닳아서 마침내 반들거리는 광택을 지닌 그 인쇄지에서 나는 어떤 친숙함과 고풍스러움을 느끼게 된다"면서, "옛 프랑크 지방, 램프 빛 반짝이는 어느 방에서 얼마나 많은 영혼들이 환희와 슬픔으로 밤을 지새웠던가!"* 스스로 감탄한다.

사실, 책은 단순한 책이 아니다. 책은 늘 책 이상이다. 책은 물론 책을 쓴 이의 것이다. 그러나 그 책이 책으로서 존재하는 순간, 그것은 지은이를 떠나 새로운 의미를 지니게 된다. 지은이의 영혼은 책을 통해 읽는 이에게 옮겨가지만, 읽는 이는 늘 자신의 영혼으로 그 책을 대한다. 그때 이미 책은 지은이의 책 이상이 되는 것이다.

---

* 이하 헤세에 관한 글은 헤르만 헤세, 『왕의 축제』(종문화사, 1999) 참조.

한 아이가 있었다.

모처럼 용돈을 받은 아이는 밤새 그 돈을 꼭 쥔 채 잠을 설친다. 어서 날이 밝았으면…… 마침내 아침이 왔다. 아이는 밥을 먹는 둥 마는 둥 하고 달려나간다. 골목을 빠져나가 큰길로 접어들면 저만큼 모퉁이에 '책'이라고 쓴 입간판이 보인다. 아이의 가슴은 콩콩 뛴다. 가게 앞에서 저도 모르게 멈칫했던 아이는 숨을 크게 한번 고르고 나서야 미닫이 유리문을 드르륵 연다. 아이의 코에 확 끼쳐오는 냄새. 책의 냄새. 아찔하다. 아이는 다시 한번 숨을 고르며 몇 번이고 보아두었던 서가 쪽으로 다가간다. 까치발을 하고 높은 데까지 가까스로 손을 뻗는다. 그 순간, 아이의 눈동자가 확 커진다. 벼르고 별렀던 책 좌우로 보이는 더 화려한 책들! 아이는 금세 울상이 되고 만다. 주머니에 손을 넣고 꼼지락꼼지락 헤아려본다. 당연히, 어림없다. 아이는 두 눈을 질끈 감는다. 그런 다음 과감하게 책을 뺀다. 셈을 치르고, 아이는 다시 달려나온다. 집으로 오는 길, 아이의 작은 가슴속에는 조금 전 느꼈던 망설임 따위는 없다. 책을 가슴에 꼭 품고 그저 달릴 뿐이다. 아이의 가슴은 이미 책을 읽고 있다. 한 장 한 장, 너무 꽉 잡으면 종이가 바스라질까봐 아이는 조심조심 책장을 넘긴다. 아아, 버들개지처럼 여린 손가락 끝에 닿는 그 무엇……

그 아이가 자라 시인이 되었다. 시인이 되어 이렇게 시를 쓴다.

1

창 밖에 눈이 쌓이는 것을 내어다보며 그는 귀엽고 신비롭다는 눈짓을 한다. 손을 흔든다. 어린 나무가 나무이파리들을 흔들던 몸짓이 이러했다.

그는 모든 비밀을 알고 있는 것이다. 눈이 내리는 까닭을, 또 거기서 아름다운 속삭임이 들리는 것을

그는 아는 것이다 — 충만해 있는 한 개의 정물이다.

2

얼마가 지나면 엄마라는 말을 배운다. 그것은 그가 엄마라는 말이 가지고 있는 비밀을 잃어버리는 것이다.

그러나 그는 모르고 있다.

꽃, 나무, 별,

이렇게 즐겁고 반가운 마음으로 말을 배워가면서 그는

그들이 가지고 있는 비밀을 하나하나 잃어버린다.

비밀을 전부 잃어버리는 날 그는 완전한 한 사람이 된다.

3

그리하여 이렇게 눈이 쌓이는 날이면 그는 어느 소녀의 생각에 괴로

워도 하리라.

　　냇가를 거닐면서
　　스스로를 향한 향수에 울고 있으리라.

　　　　　　　　　　　　　—신경림, 「유아」 전문

　헤르만 헤세는 자신이 소유하고 있는 슈투트가르트 판 『노발리스』에 얽힌 이야기를 들려준다.
　튀빙겐의 한 서점 주인이 학사 후보생 헤티히가 계산서 여백에 적어 보내온 글을 읽고 대노한다. "친애하는 서점 주인에게! 나는 방금 당신의 혹독한 독촉장을 읽었습니다. 내가 개입니까? 내가 사기꾼인가요? 아닙니다. 비록 돈이 없는 처지이긴 하나……" 주인은 당장 집달리를 시켜 밀린 빚을 받아내리라 결심하는데, 곁에 있던 점원이 달랜다. 헤티히가 명문가 출신이며 몇 년 후에는 학자로서 명성을 얻으리라는 설명. 결국 주인은 헤티히의 책들을 '근떼기'로 가져오기로 마음먹는다.
　그때 헤티히는 자신의 하숙방에 앉아 있었다. 창 밖에는 봄이 물큰물큰 다가와 있었지만, 그의 눈에는 아무것도 보이지 않았다. 그는 산더미처럼 쌓인 책들을 보며 한숨을 내쉴 뿐이었다. 오랜 세월 동안 자신의 손때가 묻은 그 책들…… 이제 그가 할 수 있는 일이라고는 자신의 영혼과도 같은 그 책들을 떠나보내는 일뿐이었다. 방문이 열리며 벗 브라하포겔이 들어선다. 그리고 그는 이제 곧 서점 주인에게 넘어갈 그 책더미 속에서 『노발리스』를 찾아낸다.

"이 노발리스를? 자네…… 진정인가? 이 고서인 노발리스를?"

결국 『노발리스』는 브라하포겔의 손으로 넘어갔고, 헤티히는 절망에 젖어 술을 퍼마셨다.

브라하포겔은 떨리는 가슴으로 『노발리스』를 펼친다. "그것은 마치 멀리서 들려오는 시냇물 소리처럼 쫓기듯 무리지어 흘러가는 구름과 푸른 별빛으로 가리워진 깊은 밤하늘 가득 울려퍼졌다. 그것은 삶의 모든 신비와 상념의 섬세한 비밀을 알고 있는 듯했다."

위층에는 경건한 성품의 신학도 로지우스가 살고 있었다. 로지우스는 브라하포겔에게 한 부목사의 딸을 처음 보는 순간 어쩔 수 없이 사랑에 빠져들었음을 밝힌다. 브라하포겔은 벗의 사랑을 진심으로 축하했다. 그 증표가 『노발리스』였다.

"데오필 B. 그의 친구 헤르만 로지우스에게 바침. 1833년 여름. '진정한 시인은 모든 것을 알고 있다. 그는 어떤 참다운 세계이다.' (노발리스)"

얼마나 아름다운 우정인가.

그러나 인생은 아름답게만 흘러가지는 않는다. 단 삼 주 만에 두 청년의 인생이 엇갈렸다. 『노발리스』의 소유주는 다시 브라하포겔이 되었다. 그렇지만 로지우스가 책에 써 있던 바침 글을 지우려고 애쓴 흔적만큼은 고스란히 남아 있었다. 면도칼로 수없이 긁어댄 흔적. 그것은 두 청년의 우정이 완전히 깨어졌음을 의미한다. 어떤 과정이 있었는지 모르지만, 부목사의 딸과 약혼한 것은 로지우스가 아니라 브라하포겔이었기 때문이다.

훗날, 헤르만 헤세는 『노발리스』의 책장 갈피에 몇 번이고 지웠다가 덧쓰인 토막글들을 보며 그 책을 둘러싸고 벌어졌던 많은 일들을 추론해냈다. 그 속에는 젊은 학도 헤티히의 절망, 그의 벗 브라하포겔의 가슴 떨리는 기쁨, 그리고 브라하포겔의 벗 로지우스의 비탄과 고통 이외에도 많은 사연이 담겨 있었다. 물론 헤르만 헤세 자신의 가슴 저린 실연의 슬픔도 우리는 그의 입을 통해 알게 된다.

월간 『책과 사람』(한국출판인회의)이 아무리 전자책의 혁명을 특집으로 내세워도, 내게 여전히 책은 단순한 책 이상의 무엇이다. 내가 아주 오래된 농담을 하고 있는가.

(2000년)

_아주 오래된 농담 3

책의 생산과 유통에 혁명적인 변화가 다가오고 있다. 인터넷이 흥성하면서 사이버 공간에서 주문을 받아 책을 판매하는 회사가 생기더니, 이제는 그게 남의 일이 아니게 되었다. 내로라하는 국내 굴지의 서점이며 출판사들이 사이버 공간에서 직접 책 주문을 받는 일은 이제 화젯거리도 되지 못한다. 내가 주간으로 근무하는 출판사는 아직 홈페이지조차 없지만 이미 책 판매의 상당량을 인터넷 서점에 의존하고 있다. 그 경우, 누가 어떤 책을 구입하는지 자동적으로 통계가 나와 향후 책 제작에도 적지 않은 참고가 된다.

책 자체도 달라지고 있다. 시디롬 이야기는 이미 했지만, 그것도 머지않아 호랑이 담배 먹던 시절의 이야기가 될 게 뻔하다. 이른바 이북(e-book)이라는 전자책이 책의 꼴 자체를 바꿔놓을 날이 코앞에 다가온 것이다. 종이책 대신 아예 전자책으로 신작을 내놓는 계약에 동의한 동료 작가도 생겼다. 독자들로서도 서점까지 가는 발품을 팔지 않아도 되니 좋고, 언제든 필요한 부분은 검색해서 다시 골라 보고 인쇄도 마음대로 해서 '소유' 할 수 있으니 더더욱 좋은 일 아닌가. 게다가 귀중한 종이 자원까지 절약하게 되었으니 크게 환영할 일 아니냐는 농담까지 곁들인다. 그래도 뭔가 찜찜하지 않느냐는 질문에 냉면 사발 앞에 놓은 듯 우선은 시원스레 대답한다.

"뭐, 크게 달라질 거 있어? 쓰는 거야 우리 마음이지."

이렇게 말을 받으면서도 다소 생소하기는 한 모양으로 속내의 일단을 덧붙인다. 신문 연재를 할 때 한 회분마다 가능하면 어떤 극적인 요소를 배치하듯이, 전자책의 경우, 화면에 보여지는 모습과 분량을 저도 모르게 고려하게 된다는 것.

이게 무슨 뜻일까.

형식이 내용을 규정한다?

글은 원고지에 쓰는 것이었다. 아무도 이 사실에 토를 달지 않았다. 너무나 당연한 사실이므로. 이때 원고지는 그저 글을 쓰는 도구만은 아니었다. 말하자면 그건 작가의 영혼이 그대로 옮겨지는 성스러운 공간이었다. 바늘로 제 살을 찍어내듯 잉크를 찍어 한 칸 한 칸 원고지를 메워가는 작업을 어느 누가 비난할 수 있단 말인가. 문학은 그렇게 성스러웠다.

닥터 지바고가 언 손을 호호 불어가며 "사랑하는 라라에게"라고 쓰던 영화 장면을 기억해보라. 그런 시절이 있었는데……

어느 날, 손가락 마디가 너무 아프다고 했더니 후배가 말했다.

"형, 아직도 원고지에다 글을 써?"

"응, 그럼?"

"원시인이네, 형. 신기하다. 아직도 형 같은 사람이 있긴 있구나."

버릇이 고약해서 죽어라고 볼펜 끝에 힘을 주어야 마음에 드는 글씨를 얻어내곤 했다. 첫 줄이 잘 안 나가면 부지기수로 파지를 양산해냈다. 자연 손가락이 아플 정도로 원고지하고 씨름을 해야 했다. 볼펜을 쥔 가운뎃손가락 마디에는 두툼하니 못이 박였다. 그게 작가로서 어쩔 수 없이 감내해야 하는 '영광의 상처'려니 했다. 그런데 후배 작가는 깔깔거리며 그런 원시적인 생산력으로 급변하는 세계를 어찌 감당하느냐며 놀려대는 게 아닌가.

타자기를 구입했다.

신기했다. 손가락 끝으로 가볍게 톡 튕겨만 주어도 쇠손가락이 탁탁 날아가 또박또박 글자를 박아내는 그 모습에 반해 시간 가는 줄 몰랐다. 당연히 운지법을 제대로 챙길 여유도 없었다. 두 손의 검지만으로 톡톡 치기 시작했다. 시간이 흐르자 그렇게 해도 제법 익숙하게 작품을 생산해낼 수 있었다. 물론 약간의 불편은 감수해야 했다. 수정액 '화이트'라는 게 있긴 했지만, 그게 썩 훌륭한 공업생산품은 아니었다. 구멍이 막히는 때가 너무 많았기 때문이다. 그런 경우, '에라, 모르겠다. 그냥 이대로 나가지 뭐.' 하며 스스로와 타협하는 경우가 없지 않았다. 그렇더라도 생산성만큼은 과거에 견줄 게 아니어서 나름대로 보람을 느꼈다.

어느 날, 손가락이 너무 아프다고 했더니 후배가 말했다.

"형, 아직도 수동타자기를 써?"

"응, 그럼?"

"원시인이네, 형. 신기하다. 아직도 형 같은 사람이 있긴 있구나."

검지손가락 첫째 마디가 시큰거리는 게 영 견디기 어려웠다. 급한 마음에 검지손가락 두 개만 사용한 벌을 받고 있는 중이었다. 후배가 신형 타자기를 권했고, 당장 샀다. 신기했다. 살짝 건드리기만 해도 또박또박 글자가 박히고 오른쪽 끝까지 글을 채우면 저절로 드르륵 다음 행으로 이동을 하는 게 아닌가. 손가락 마디에 가해지는 물리적 하중도 훨씬 줄어들었다.

어느 날이었다.

지상에 있는 공동 화장실에 가다가 우연히 이웃 아줌마들이 나누는 이야기를 들었다.

"이상해요. 밤마다 드르륵 드르륵……"

"신고해요."

"그래도 정확히 모르고서 어떻게……"

화장실이고 뭐고 없었다. 그 길로 지하방에 있던 유인물들을 치웠다. 등산로에서 '저기 가는 저 등산객 간첩인가 다시 보자'는 선전 간판을 봐야 하던 시절이니 만큼 그 아줌마들도 나도 어쩔 수 없는 일이었다.

후배 작가에게 말했다.

"소리 안 나는 타자긴 없니?"

전동타자기가 좋긴 한데 소리가 너무 요란한 게 탈이었다. 특히 나처럼 지하 셋방을 전전할 수밖에 없는, 게다가 현실은 참담하고 이상은 높아서 제 딴에는 혁명적 열기로 들떠 있던 '불순분자'에게는 한밤중 적막을 깨고 십 리 밖까지 울려퍼지는 그 소리는 치명적이었다. 착한 후배는 웃으면서, 신기하다고 하면서, 여전히 원시인 운운하면서, 워드프로세서라는 것을 소개해주었다.

"그거, 형의 경제력으로는 감당이 안 될 텐데?"

경제력보다 더 중요한 게 혁명적 정열의 보전이었다. 내가 쥐도 새도 모르게 사라지면 이 나라의 민주주의는 어떻게 하나? 나는 거금 팔십만 원을 들여 생산도구를 바꿨다. 대우에서 만든 '르모 쓰리'.

하지만 이 자리에서는 더이상 그것의 좋은 점에 대해서는 말하지 않기로 하자. 더없이 황홀했던 그 생산도구는 수명이 고작 이태 남짓했을 뿐이었다.

어느 날, 감광지 값이 너무 비싸고 시간만 지나면 흐릿해져서 영 젬병이라고 했더니 후배가 말했다.

"형, 아직도 르모 써?"

"응, 그럼?"

"원시인이네, 형. 신기하다. 아직도 형 같은 사람이 있긴 있구나."

나의 컴퓨터 입문은 그렇게 해서 시작되었다. 그게 칠팔 년 전쯤의 일인데, 이제 숨이 턱에 받치도록 쫓아온 나의 '업그레이드 역사'에 대해서는 일일이 거론하지 않기로 하자. 생각만 해도 숨이 차고 베수비오 화산처럼 울화가 치솟기 때문이다.

다만 한 가지, 처음 컴퓨터로 글을 쓰기 시작했을 때 얼마든지 수정이 가능하다는 사실에 무척 신기해했던 사실만큼은 밝혀야겠다. 그때부터 내 글의 내용은 또 얼마나 달라졌을까.

형식이 내용을 규정한다!

나는 "존재가 의식을 규정하고 내용이 형식을 규정한다"는 칼 마르크스의 저 유명한 철의 법칙을 서서히 부정해나가고 있었다. 그런데 언제부턴가는 다시 형식이 내용을 규정하는 것이 아니라, 그렇게 보이는 것 같은 현실이 바로 내가 부닥친 새로운 세상의 내용이 아닌가 하는 의문이 슬쩍 고개를 쳐들기 시작했다. 모르겠다. 여전히 칼 마르크스를 '옹위'하려고 애쓰는 내가 아주 오래된 농담을 하고 있는지……

(2000년)

* 부기 나는 출판사를 진작 그만두었다. 내가 나가니까 홈페이지도 생겼고, 기다렸다는 듯 '대박'도 줄줄이 터졌다. 체 게비라, 박완서, 현기영 등등. 역시 나의 '부재'가 필요하다, 이 지구에는!

_하고많은 욕심 중의 책 욕심

동료 소설가 이순원군은 벌써 전자책(e-book)을 써내는 경지까지 접어들었다. 먼저 접해봤다는 기자의 말로는 우려했던 것처럼 거부감도 그다지 크지 않았다는데, 무엇보다 화면이 종이 지질을 근사하게 빼닮았기 때문이라고. 그럴 것이다. 지은이든 읽는 이든 전자책 시대에 선뜻 발을 담그지 못하는 사람들의 심리상태에는 침을 발라 한 장 한 장 책장을 넘기던 시절의 향수도 꽤나 큰 비중을 차지한다고 보면 그 방면의 기술적 개가는 다소 위안이 되는 바가 없지 않으리라. 그래도 한 가지 궁금증은 여태 남는데, 도대체 책을 모으는 재미는 어찌 되는 것인지?

책은 물론 양보다 질의 영역에 속하는 물건이다. 그렇지만 옛말에도 다섯 수레의 책을 읽지 않은 이와는 세상사를 논하지 말라고 하지 않았던가. 내 생각에, 아무리 엉터리 책일지라도 다섯 수레씩이나 책권을 접한 이라면 어딘가 눈빛부터 달라도 다를 것만 같다.

체 게바라는 지독한 독서가였다.

별이 총총한 밤이면 시가를 입에 물고 마테차를 손에 든 체는 선생님으로 변신했다. 그는 라울 카스트로에게는 프랑스어도 가르쳤다. 수업이 끝나면 그는 늘 곁에 두고 있던 책을 펼쳐들었다. 당시 그의 주된 관심사는 대륙 발견 이전의 문화와 호세 마르티가 말년에 쓴 지성이 숨쉬는 정치적 산문들이었다. 그는 늘 남보다 촛불을 늦게 끈 까닭에 영내에서 가장 많은 밀납을 소비하는 대원이 되었다.(장 코르미에,『체 게바라 평전』, 실천문학사)

지금은 음반 재킷이며 티셔츠에까지 실려 체의 '상품성'을 높여주는 데 적잖은 기여를 한, 별 하나를 단 마오쩌둥 모자에 시가를 문 저 유명한 체의 얼굴 사진에도 나타나듯이 멀리 어딘가를 바라보는 그의 눈빛이 그토록 형형한 까닭도 능히 짐작하겠다.

어디 체뿐이랴. 동서고금을 통틀어 우리에게 알려진 지독한 독서가들의 이야기를 꺼내자면 며칠 날밤을 새워도 부족할 것이다. 이럴 바에야 시야를 좁혀 내 주변만을 거론하는 게 훨씬 생산적일 터.

내가 아는 한, 시집을 많이 읽기로는 신경림 선생을 따라갈 이가 드물 것이고, 추리소설에 SF소설을 많이 읽었기로는 『플라스틱 섹스』의 동료 소설가 이남희를 능가할 이가 많지 않을 것이며, 일본, 러시아, 중국, 미국 등지를 훨훨 날아다니며 숨어 있는 귀한 문학자료들을 찾아내

악착같이 다 읽어치우는 것으로는 문학평론가 김재용군이 우뚝하며, 다 읽는지 어떤지는 모르지만 두꺼운 외국 원서(사전 포함!)들만 골라 옆구리에 끼고 다니기로는 단언컨대(!) 천하의 시인 김정환 형을 누구도 따라가지 못한다.

씩씩한 노동 시집 『김미순전』과 『대열』을 펴낸, 하지만 속살을 여려 훗날 『지금도 그 별은 눈뜨는가』를 펴낸 우리의 박아무개 시인은 어떤가.

그는 아마 집에서 책만 읽는 모양으로, 만나서 오 분만 지나면 그의 입에서는 최근에 읽은 어떤 책이며 글 이야기가 나오게 마련이다. 문학을 업으로 하는 이들이 만나서 문학 이야기를 나누는 것처럼 어색한 게 없을 텐데, 그는 지치지도 않고 우리 문학의 현황과 미래에 대해서 끊임없이 화제를 만들어나간다.

어쨌거나 그런 열정들도 모두 욕심인 것만은 분명하다. 하지만 하고 많은 인간의 욕심 중에서 책 욕심처럼 이뻐 보이는 게 또 있을까.

재작년 서울에서 민족문학작가회의 사무국장 일을 보았더랬다. 거기서 하는 일이란 게 참으로 심심한 것들뿐인데, 나는 아침부터 캔맥주를 한 잔 마시고 컴퓨터로 음악을 듣는다 어쩐다 몸을 비비 틀지 못해서 죽겠는데 사람 자체가 워낙 심심한 이이긴 했지만 사무차장 소아무개군은 그런 심심함을 참으로 잘도 견뎌내는 것이었다. 어느 날, 그의 앞으로 퀵서비스 아저씨가 듬직한 라면박스 하나를 가져다주었다. 거기서 쏟아져나오는 책들! 하나같이 켜켜이 먼지를 뒤집어쓴 시집들이었다. 개중에는 욕심나는 것도 듬성듬성 섞여 있었다. 아는 이가 서점을 하다가 정리하게 되어서 손에 넣게 된 것들이라고 했다. 아이 백일 때 그의 집을 찾아가봤던 나로서는 걱정부터 앞섰다. 하지만 그는 공간 개념이라고는 눈곱만큼도 없었다. 책은 연거푸 배달되어 왔다. 그것도 모자랐을까, 그는 인터넷에서 좋은 헌책방을 발견했다며 책을 또 주문했다. 그렇게 주문한 책들은 한결같이 탐나는 것들뿐이었다. 나는 조지 오웰이 버마에서 식민지 경찰로 근무했다는 사실도 몰랐거니와, 그가 그 경험을 토대로 소설 『식민지의 사계』를 써냈으며 그게 우리나라에서도 이미 오래 전에 번역 출판되었다는 것도 그때서야 처음 알았다. 아무튼 그런 엄청난 수집벽 때문인지 그는 "앉아 있는(그는 잘 걸어다니지 않는다!) 문학 백과사전"이었다. 상허 이태준이 언제 어떻게 죽었는지, 종로를 무대로 활약했던 문인들이 누구누구였는지, 그런 이들에 대해서 자문을 구하려면 학계의 어느 분을 찾아야 하는지 등등. 나는 궁금한 게 있을 때마다 그저 곁에 늘 앉아 있는 우리의 소아무개군을 부르기만 하면 되었다.

가끔 그에 필적할 만한 후배가 사무실에 나타난다.

"형, 뭐 줄 거 없어요? 책 같은 거……"

한 닷새 못 봤다 싶으면 그는 인사를 이렇게 할 정도였다. 나중에 나는 사무실 앞으로 보내오는 책권들 중에서 상당수를 그에게 선물로 건네주었다. 그런 그가 이따금 싱글싱글 웃으면서 가방을 열어 책 자랑을 하는 때가 있는데, 헌책방에서 단돈 이천원에 김태준의 『조선문학사』를 구입했다든지 월북한 어느 시인의 초판 시집을 용케 손에 넣었다는 말을 들으면 배가 살살 아파오기까지 했다. 나는 지금껏 그 얄미운(?) 후배 문학평론가 고모 영모 직모의 집에 한 번도 가본 적이 없는데, 지금도 가고 싶지 않다.

시인 민영 선생은 당신 스스로 책 욕심에 대해서 공개적으로 밝힌 바 있다. 제주도에 사는 한 벗의 집에 놀러 갔다가 노시산인(老枾山人) 김용준의 『근원수필』을 발견하곤 잠시 빌려가서 복사 후 돌려주겠다고, 말하기는 쉬워도 지키기는 어려운 약속을 했던 것이다. 어쨌거나 당신의 그런 욕심 덕분으로 세상에 쉽게 공개되기 어려운 한 월북 화가의 귀한 수필집이 우리 곁에 남게 된 것인지도 모른다.

나는 그런 욕심들이 한없이 부럽다.

어렸을 적 집안에 몰아닥친 거친 풍파를 견뎌낼 요량으로 닥치는 대로 책을 읽어치웠다는 이문구 선생. 당신은 "전쟁이 겨우 꺼끔해진 무렵이었으니 교과서가 아닌 책을 구경하기가 지나가다 점잖은 상이군인을 만나보기 만큼이나 어렵던 시절"에 『유충렬전』『옥단춘전』『임경업전』 등 "껍데기가 울긋불긋한 이야기책"을 비롯해서 온갖 종류의 책을 두루 섭렵했던 것이니, 신문에 나는 추천도서조차 제대로 챙기지 못하는 우리 후배들로서는 할말이 없다.

어쨌거나 내 속에서도 이따금 그런 책 욕심이 불끈 고개를 쳐들 때가 있다.

언제던가 고 이재금 시인의 시비제막식 참석차 밀양에 내려갔다가 거기서도 차로 한 시간쯤 시골로 더 들어가는,『쌈짓골』의 작가 김춘복

선생 댁에서 하루를 유숙한 적이 있었다. 밤새도록 취했다가 이튿날이 되었을 때에야 문중의 재실 곁에 바짝 붙어 있는 선생의 서실 문턱을 겨우 넘을 수 있었다. 지난밤의 술기운이 아직 덜 풀린 내 눈이 화들짝 커졌다. 한눈에도 '촌'에 사는 노작가의 멋이 고스란히 배어나왔기 때문이었다. 나는 정신없이 책장을 훑어나갔다.

이태준, 김동석, 정지용, 최명익……

얼핏 귀동냥으로만 들었던 책들이 원본 그대로 고스란히 꽂혀 있는 게 아닌가. 나는 염치 무릅쓰고 그중 몇 권을 빌려주십사 말씀드렸다. 선생은 모처럼 찾아간 후배를 위하여 흔쾌히 승낙을 해주셨는데, 올라가서 가능하면 개정판으로 만들어보겠다는 약속을 믿으신 때문만은 아니었으리라. 출판사에 알아본즉, 그런 책들은 당연히 시장성이 없었다. 그렇지만 그 책들을 복사한 다음 우편으로 돌려보내야 할 시각이 다가오자 내 가슴은 묘한 유혹으로 떨리기 시작했다.

싫든 좋든 나도 조만간 전자책 시장에 뛰어들 것이다. 그러나 그렇게 쓴 내 글을 독자들이 파일로 받아 읽고 파일로 저장하는 새로운 풍속도에 적응하려면 아무래도 꽤 오랜 시간이 더 지나야 할 것 같다. 그때, 책 욕심이란 도대체 무얼 뜻하게 될까?

(2000년)

_현실적으로 가장 가능할 것 같은 꿈 하나

언젠가 동업의 송기원 형이 말했다. "내가 벌써 마흔다섯 살이나 처먹어버렸네!"

더도 덜도 없이 이 나이는 꼭 그렇게 오는 것만 같다. 이제 눈부시게 따가운 햇살을 피해 슬슬 '그늘의 미학'에 대해 생각해야 할 때. 문득 허무해지는데, 엎지른 죽그릇 같은 마음 한구석에서 쑥스럽게도 꿈이 새록 솟는다. 면 단위 마을의 공공도서관 관장, 그보다 더 작은 마을의 별정우체국 국장, 하루에 두 차례만 기차가 서는 간이역의 역장, 김치박물관이나 우표박물관 같은 특수 목적 박물관의 학예관, 시키는 사람은 없어도 할 일은 많은 향토사학자, 발품으로 먹고 사는 여행전문기고가…… 세상에서 가장 한가하면서도 가장 보람 있을 것만 같은 직업들이 눈에 아른거리는 것이다. 그러나 언감생심 누가 내게 그런 복을 안겨줄 것인가.

이런저런 꿈을 지우고 난 자리에 그중 그래도 현실적으로 가장 가능할 것 같은 꿈 하나가 남는데, 작은 출판사를 하나 차려 내가 만들고 싶은 책만 만들며 살아가는 게 그것이다. 하지만 아무리 소박해도 이십 년 전에 내가 한 세 해 몸담았던 그런 출판사는 싫다. 그때 그 출판사는 하필이면 서대문구치소 맞은쪽에 있었다.

방 안은 아직 해가 떨어지지는 않았음에도 불구하고 박모(薄暮)의 침침한 빛깔이 감돌기 시작했다. 칙칙한 색깔인데다가 지난해 장마 이후론 한 번도 물맛을 보지 못한 커튼과, 몇 해 동안 개칠 한 차례 하지 않아 원래 제 색이 무엇이었는가도 의심스러울 정도로 퇴색한 벽과 천장, 그리고 그에게는 꼭 '만기방(滿期房)'만하다고 늘상 생각되어지는 크기의 사무실의 한쪽 창문을 완전히 가리고 있는 책들로 인해, 굳이 도로 건너편의 안산이 아니더라도, 대충 이곳은 한 시간쯤은 앞당겨 어스름이 깃들곤 했다.(졸고, 『일과 밥과 자유』)

가뜩이나 볼품없는 서울의 노을이 뿌연 스모그를 밀치고 현저동 뒷산께로 뉘엿뉘엿 질 무렵이면 저만큼 정적에 싸인 구치소 진입로가 눈에 들어왔다. 그때마다 나는 작업을 끝낸 한 두름 죄수들 속에 섞인 내가 노을을 이마로 받으며 낙타처럼 타박타박 걸어간다고 느끼곤 했다. 여름은 길었다. 좁아터진 사무실에서는 가만히 앉아 있어도 땀이 주르륵 흘러내렸다. 그렇다고 경리아가씨의 두 눈이 멀쩡한데 러닝셔츠 바람으로 일을 할 수도 없었다. 보다 못했을까, 옆방을 쓰던 선배 소설가가 '왜정' 말엽에나 쓰였을 법한 구닥다리 선풍기를 가져다주었다. 나는 어디선가 낮술에 벌써 취했을 사장님이 제발 오늘이 월급날이라는 사실을 기억해주십사 간절히 빌면서, 낮에 먹은 자장면의 춘장이 그대로 묻어 있는 젓가락을 선풍기 날개 사이에 끼우고 빙빙 돌리기 시작했다. 관성의 법칙. 전기를 잡수셔도 꼼짝하지 않던 모터가 투둑투둑 움직이고, 마침내 나는 더운 바람을 만들어내는 데 성공했다.

그런 풍경들 너머로 또 무엇이 있었던가.

필자들은 참 착했다. 밀린 원고료와 인세를 어떻게 좀 해보라는, 집에 같이 사는 사람의 채근에 못 이겨 전화를 걸긴 걸었는데, '협상의 파트너'여야 할 사장님은 늘 안 계시지, 그 밑에서 일하는 편집장은 목소리만 들어도 그저 불쌍하지, 하니 자연 독한 마음이 봄볕에 눈 녹듯 사라질 수밖에.

"응, 아냐. 그냥…… 그냥 걸어봤어. 잘 있으면 됐어."

"뭐 딱히 얘기가 있는 건 아니고…… 사장님 들어오시면 내가 전화했다고나 전해드리게. 그건 그렇고 언제 한번 술 한잔해야지?"

"어디 책은 좀 나가긴 하나? 이거 원 출판사에 폐만 끼쳐서 영……"

김수영이 생각난다.

1954년 11월 24일

청춘사에서 울다시피 하여 겨우 칠백환을 받아가지고 나와서 노선생을 찾아갔다.

1954년 12월 30일

그래도 스무 장이고 서른 장이고 일이 끝이 나면 두 발에 엔진이 달린 것보다도 더 바쁘게 잡지사로 뛰어간다. 그러나 돈 받아내기는 일하는 것의 몇 배나 더 어려웁고 고통스러운 일이다. 하늘의 별따기 보다도 더 어려운 일이다.

돈을 받아가지고 물끄러미 들여다보고 있으면 웃음이 나온다.(김수영,『시여 침을 뱉어라』, 민음사)

그래도 당신 같은 몰이해한 출판사의 일은 못 하겠다고 큰소리를 칠 만한 용기가 안 나온다. 물론 안 나온다. 이것이 우리의 생활현실이다. 좀더 사족을 붙여 말하자면 이 청년 사장과의 거래의 결말은, 헤밍웨이의 소설을 원고로 다시 새로 쓰기로 하고『주홍글씨』까지 합해서 총 이천팔백 매에 오만원으로 낙착이 되었다.

그러니까 나는 혹을 떼러 갔다가 혹을 하나 더 붙여오고 그 두 개가 된 혹을 또 떼러 갔다가 또 혹을 그 위에 하나 더 붙여온 셈이 되었다. 이제 출판사 사장하고의 거래는 완전히 그의 K.O 승이다.(김수영,「모기와 개미」,『김수영 전집』2권, 민음사)

물론 그런 어수룩한 종류의 상대만 있는 게 아니었다.

종이 값, 인쇄비, 제본비, 라미네이팅비며 하다못해 신문 값이며 음식 값을 독촉하던 전화들이 수화기를 내려놓을 틈을 주지 않고 걸려왔다. 그중에서도 가장 반갑지 않은 전화, 그것은 이른바 '분실'에서 걸려오는 것이었는데, 그런 전화를 받고 나면 가만히 서 있어도 다리가 후들후들 떨리곤 했다. 아아, '분실'!

아마 그럴 때마다 나는 대낮부터 술을 마시지 않으면 안 되었던 사장님의 심정을 조금이나마 이해할 수 있었을 것이다. 그 얼마 전만 해도 그는 내로라하는 신문사에 다니던 민완 기자였다. 그렇게 좋은 직장에서 쫓겨난 것만 해도 억울한데, 돈은 늘 쪼들리지, 게다가 내는 책마다 별의별 꼬투리를 잡아 때로는 협박 때로는 회유, 도무지 마음 놓고 책다운 책 한 권을 만들어내지 못하게 하니 내가 그 처지였더라도 어찌 술을 상복하지 않고 배겼을까.

그래도 책이 나올 때면 신바람이 났다.

특히 회사 이름과 똑같은 이름의 무크를 낼 때는 더욱 그러했다. 물론 잡지 등록을 내주지 않아 무크(mook=magazine+book, 부정기간행물)라는 신조어까지 만들어서 편법으로 내는 것이었다. 시뻘건 표지, 두꺼운 고딕체 제목 밑에는 '민중의 최전선에서 새 시대의 문학운동을 실천하는 부정기간행물'이라는 '친절한' 부제까지 달았다. 하긴 그러고도 '분실' 같은 데서 관심을 안 가져주기를 바란다는 것이 오히려 말이 안 되던 시절이기는 했다.

그런데 일 년에 한 번씩 나오는 그 무크가 출판사 규모로 보면 엄청난 효자였다.

책이 깔리기 무섭게 주문이 쏟아져들어왔다. 그날부터는 부하직원이라고는 눈을 씻고 봐도 없는, 그러나 명색만큼은 엄연히 편집장이었던 나는 주문받은 만큼 책을 싸들고 서울 시내를 누볐다. 당연히 거래처의 대접도 달라졌다.

"어이, 김부장. 책 나왔어?"

"네? 거기서 제본해주고는 뭐 새삼스레 물어요?"

"아니, 내 말은 뭐…… 잘 나가지?"

"바빠요, 지금 배달 나가야 해요."

"그거 좋은 일이네. 그럼 어떻게 우리 거부터 해줄 거지, 응?"

"웬일이세요? 당장 거래 끊자니 뭐니 두 번 다시 안 볼 사람처럼 섭섭하게 할 때는 언제고요?"

"어어, 김부장, 오해야 오해. 그거야 위에서 워낙 닦달을 해대니 거기 들으라고 그냥 한 소리지."

그런 '인간적'인 대화는 한 삼 개월 정도 유지되었다. 나머지 아홉 달은?

아무리 정보화 시대가 되었다고 해도 출판은 여전히 문화산업의 첨병이라는 말 자체가 미안할 만큼 허술한 처지에 있다. 하지만 바로 그래서 나 같은 사람도 아직 꿈을 꾸어볼 만한 구석이 남아 있을 것 같다. 그리고 "사람은 책을 만들고 책은 사람을 만든다"는 말이 진리라면, 그런 꿈을 실현하는 과정에서 나 또한 제법 멋진 '그늘의 시절'을 살게 되지 않을까.

놀러 오시라, 그 출판사에.

(2000년)

_책장 위의 먼지와 침묵

사는 게 참 멋대가리가 없어졌다.

손으로 직접 쓴 편지 한 통 받아본 적이 언제인가 싶은 게 단적인 예다. 우편물은 쉬지 않고 날아오는데, 반은 고지서요 나머지 반도 청첩장이며 안내장 따위가 대부분이다. 아주 오래 전에 벗이 선물해준 책칼로 그런 우편물을 뜯을라 치면 이따금 울화마저 치밀곤 한다. 신용카드 납부 고지서나 통신요금 고지서 같은 것은 빈 틈에 손가락을 집어넣어 거칠게 뜯어내기도 하지만, 그런다고 스트레스가 해소될 리는 없다. 기증본 책이 들어 있는 봉투를 뜯을 때에야 책칼이 희미하게나마 제 존재를 증명하게 된다. 하지만 그렇게 해서 받아든 한 권의 시집이 가슴을 설레게 하는가. 애써 서명까지 해서 책을 보내준 시인에게 미안한 노릇이지만, 나는 이미 낙엽 구르는 소리에 눈물짓던 청춘은 아니다.

가만히 생각해보면 그게 꼭 내 잘못만은 아닌 것 같다. 모든 게 대량으로 생산되고 대량으로 소비되는 현실이 어쩔 수 없이 나를 이렇게 만든 게 아닌가. 도대체 책 귀한 줄을 모르게 된 것이다. 사방 천지에 넘쳐나는 게 책이다보니 시 한 편 쓰기 위해 하얗게 날밤을 새며 몸을 뒤척였을 시인의 고통 따위 헤아려줄 겨를조차 없다.

책장을 본다.

빽빽이 꽂혀 있는 시집들이 시집으로 보이지 않는다. 일련번호가 백 번을 넘은 시집 시리즈가 수두룩하다. 개성이라곤 털끝만큼도 없다. 자세히 들여다보지 않으면 어떤 게 어떤 것인지 잘 구분이 되지 않는다. 한 시인의 우주가 이토록 몰개성한 대접을 받다니!

그런데 제주에 사는 소설가 최현식(崔玄植)씨의 집을 방문하여 그의 서재를 둘러보다가 수많은 책 속에서 이 책을 발견하고 왈칵 반가움이 치솟았던 것이다.

"이 책 어디서 구했습니까?"

내가 묻자, 최형이 그 걸걸한 함경도 사투리로 대답했다.

"그 책 산 지 오래우다. 민형도 아시겠지만 요새 발표되는 수필이란 이름의 글에 비하면 근원의 수필은 하늘을 나는 학과 같지."

비록 발행된 지 사십 년이 가까운 책이라 표지와 내지가 모두 누렇게 바랜 고서였으나, 화분에 담긴 한 포기의 난초를 그린 표지화며 뒷면에 찍힌 광개토왕 호우(壺杅)의 인문(印文) 등이 예스러우면서도 조금도 낡지 않은 멋을 더해주고 있었다.

또 책 안에는 '검려사십오세상(黔驢四十五歲像)'이라고 쓴 저자 김용준—그는 근원 이외에도 검려(黔驢), 노시산방주인(老柿山房主人) 등 여러 개의 호를 갖고 있었다—의 자화상이 찍혀 있어, 그의 그림 솜씨가 범상치 않았음을 보여주고 있다.

"최선생, 이 책 날 주시오. 서울에 갖고 가서 복사하고 돌려드리리다." (민영, 「근원수필을 다시 만나기까지」, 『근원수필』, 범우사)

민영 선생은 당연히 『근원수필』을 돌려주지 않을 심산이었다. 그러나 책 주인이 하도 재촉하는 바람에 결국 돌려주고 말았다고 한다. 어쨌거나 그 민영 선생이 내 집을 방문했다면 어떤 표정을 지으셨을까. 탐내실 책 같은 게 하나라도 있을 턱이 없다. 끌끌 혀를 차시는 소리가 들린다. 그러면서 하시는 말씀,

"책꽂이 하나는 좋구나."

하지만 대량복제 시대를 사는 내가 변명할 말이 없는 건 아니다.

"선생님, 이게 다 누구 탓인 줄 아세요?"

"알지. 경림이, 걔가 다 이렇게 만들어놨지."

노시인과 나는 그제야 멋대가리 없는 세상을 살아가야 하는 비통함을 앞에 두고 쓸쓸한 웃음을 나누게 되는데……

그러나 내가 '혐의'를 두고 있는 신경림 시인의 『농무』도 처음부터 베스트셀러였던 것은 아니다.

1973년, 신경림 시인은 당신 돈을 들여 『농무』 삼백 부를 펴냈다. 아

직 출판사에서 시집을 내주는 '관례'가 정착되기는커녕 자비로라도 내주기만 하면 다행인 시절이었다. 시집을 '판다'는 개념 또한 거의 존재하지도 않았다. 내가 이런 시집을 냈으니 언감생심 읽어주시는 건 바라지도 않고 그저 서가에 꽂아 주시든지(揷架), 겨우 시인의 이름값을 더럽히지 않다고 판단되면 받아 거두어나 주십사(惠存)고 지기나 문단의 동료 선배들에게 선사하는 게 시집의 주요 유통 방식이었다. 신경림 시인은 책을 돌릴 만큼 아는 문인도 없고 해서 그 책들을 출판사 창고에 고스란히 쌓아두었는데, 어쩌다 흘러나간 열 권이 매진되었다. 그해 창작과비평사에서『농무』를 다시 펴냈다. 초판본과는 달리 미국식 개념으로 하면 '페이퍼백' 형태로 찍어낸 것이다. 이름하여 '창비시선' 제1번. 놀라운 일이 벌어졌다. 당시는 물론 1969년에 창간된 계간『창작과비평』이 독서계에 적지 않은 파장을 일으키고 있을 때였지만, 단행본 출판을 갓 시작한 출판사 쪽에서도 전혀 예상하지 못했던 엄청난 사건이 터지고 만 것이다. 서점에 깔리기 무섭게『농무』는 팔려나갔다. 우리 시집 출판 사상 초유의 일. 시집이 베스트셀러가 되는 파천황의 진기록이 시작된 것이다.

그뒤, 출판사들은 앞 다투어 페이퍼백 형태로 시집을 찍어내기 시작했다. 물론 시리즈 번호를 매기는 작업도 잊지 않았다. 어느 정도 시간이 흐르자 과거처럼 제 돈을 들여 양장본으로 시집을 찍어내는 관례는 소리 소문도 없이 사라지고 말았다. 그때부터 시집은 하나같이 똑같은 판형에 똑같이 번호를 달고 똑같이 코팅한 얼굴로 독자들을 맞이하기 시작했다. 결국 『농무』는 우리 시집의 출판사(出判史)를 완전히 바꾸어 놓은 '주범'이 되고 말았다.

"자네, '문학의 민주화'를 말하던 입으로 그렇게 말할 수 있어?"

어디선가 힐난하는 목소리가 들려온다.

맞는 말이다.

사실 나는 동료들과 함께 80년대 초반 이른바 문학의 민주화 '전선'에 발을 들여놓고 있었다. 모든 게 '민주화' 되지 않으면 가치를 인정받지 못하던 시절이었다. 시도 예외는 아니었다.

5월 광주를 겪은 젊은 문인들은 '시'라는 것의 창작과 유통 방식이 지니는 문제점도 지적하고 나섰다. 말하자면 누구나 시를 손쉽게 쓰고 또 접할 수 있어야 한다는 것. 그게 바로 '문학의 민주화'의 제1테제였던 것이다. 이런 관점에서 보면 창작과비평사가 『농무』를 통해 시도한 시집의 대중화 작업은 더없이 좋은 본보기였다.

그런데 지금 나는 어떤가. 민주화? 적어도 나는 시집의 민주화만큼은 반대하는 게 아닌가. 아니다. 오해를 피하기 위해 덧붙이자면, 이제 우리 시집도 미국처럼 두 종류로 펴내면 어떤가 싶은 것뿐이다. 많은 사람들이 시를 사랑하고 읽게 된다는 데에 반대할 까닭은 없다. 다만 아쉬움이 남아 이렇게 넋두리처럼 투정을 부리는 것이다.

예전의 시집들은 양장본으로 만들어내는 게 보통이었다. 양장본이라고 해서 뭐 요즘처럼 너무나 빳빳하고 맨질맨질해서 오히려 거부감을 주는 그런 재질을 껍데기로 쓴 것은 아니었다. 그저 수수하게 마분지보다 조금 좋은 재질이면 충분했다. 거기에는 그림을 그려 장정을 할 수 있었다. 앞에 인용한 『근원수필』의 주인공 김용준은 벗들의 책 표지도 직접 장정해주곤 했다. 이태준의 『무서록』, 염상섭의 『이심』, 임화의 『문학의 논리』는 물론이고, 『지용시선』(정지용), 『청록집』(박목월, 조지훈, 박두진), 『석초시집』(신석초), 『무녀도』(김동리), 『해』(박두진) 등도 모두 그의 작품이었다.

표지는 난을 쳐놓은 수묵화로, 펼친 양면을 화폭으로 삼았다. 앞표지는 여백을 살려 표제를 강조했고, 뒤표지에는 시집에 수록된 「난초」의 시구를 적고 '근원(近園)'이라 새겨진 화가의 도장을 찍었다. (중략) 표제화는 「촛불과 손」의 내용을 담은 듯한데, 동양적 분위기의 표지화와는 대조적으로 서양적인 느낌을 냈다.(박대헌, 『우리 책의 장정과 장정가들』, 열화당)

그런 시집들 중에는 책장을 넘기면 얇은 기름종이가 나타나는 게 많았다. 시인은 그 바스락거리는 기름종이를 조심스럽게 들춰야 가마 안에 앉은 새색시처럼 부끄럽게 얼굴을 드러내곤 했다.
아아, 손가락 끝에 묻어나던 그 아슬아슬한 감촉이여!
시인의 우주는 그런 '떨림'의 의식을 통과하고서야 겨우 그 모습을 드러냈던 것이다.

세상이 점점 메말라가는 것이 어쩔 수 없다고 손을 들어버리지 않으려면, 틈새를 넓혀야 할 것만 같다. 틈새. 책에 대해서만큼은 가끔은 민주화를 벗어나는 호사취미도 부려보고 싶은 것이다. 책은 이미 정보의 전달 수단으로만 기능하지는 않게 되었다. 그런 목적이라면 시디롬과 전자책, 그리고 인터넷이 얼마든지 욕구를 충족시켜줄 것이다. 그렇다고 물론 책이 쉽게 사라지지는 않을 테지만, 어쨌든 책이 정보 전달의 도구로만 계속 존재하리라고 기대하는 건 이미 시효가 지난 바람 같다.

한 권의 시집은 그저 책 한 권이 아니다.

그것은 이 세상에 단 하나밖에 없는 시인의 소중한 우주요, 그 우주를 소중하게 여기는 벗의 손끝에서 나오는 애정이요, 비록 돈을 주고 그런 애정을 샀을망정 두고 두고 시인의 우주를 음미하고자 애쓰는 독자, 바로 우리들의 우주이기도 하다.

책장을 다시 본다.

먼지가 수북이 쌓였다. 손끝을 갖다대고 쓰윽 훔치려다 그만둔다. 그 먼지와 먼지의 침묵조차 그리워질 날이 멀지 않은 것 같다. 전자책으로 모든 것을 해결하게 될 날을 위해 그런 먼지쯤은 그냥 내버려두어야 하는 게 아닐까, 게으르게, 좀더 게으르게 생각하기로 마음먹는다.

창작과비평사에 근무하는 이시영 선배를 만나면 떼라도 써야겠다.

"이제 그만큼 '민주화' 했으면 적어도 신선생님 시집만큼은 '귀족적'

으로 다시 한번 찍어드려야 하는 게 아닙니까?"

(2001년)

*부기 이시영 시인은 회사를 그만두었다. (주)창비는 '민주화'에 대한 신념을 결코 버리지 않을 것이다. 파주 출판도시에 새로 지은 건물은 참으로 '귀족적'이지만.

_책의 무게, 슬픔의 무게

언젠가 내게 글을 배우던 제자가 멋쩍은 듯 웃으며 말했다.
"어제서야 선생님 책을 구했어요. 근데 그거 어디서 샀는지 아세요?"
나는 묻지 않았고, 제자는 꾸물거리더니 또 씨익 웃으며 덧붙였다.
"교보요."
"교보?"
"교보문고 앞에…… 세일하는 데서……"
누군가 고약한 놈이 망치로 뒤통수를 내리친 것만 같았다. 다행히 얼굴은 빨개지지 않았던 모양. 나는 금세 둘러댔다.
"그거…… 흔한 일이야. 근(斤)떼기로 처리하나봐, 내 책들. 찍어놓고선 안 팔리는 게 훨씬 많을걸, 아마?"
그래도 그렇지. 그날 밤 집으로 돌아가는 길, 전철역 앞에 나와 있는 책장사 리어카를 보고서는 꽤나 쓸쓸해지긴 했을 것이다. 그러지 않았다면 내가 작가일까? 자존심도 없으면?

설마 했는데 기어코 일은 벌어지고 말았다.

11월 3일, '이문열돕기운동본부'에서 시민운동가들을 홍위병이라고 매도한 이문열씨의 책을 반환하는 행사를 가진 것이다. 그날 이문열씨는 집에 없었기 때문에 행사 주최 쪽에서는 『추락하는 것은 날개가 있다』를 비롯해서 모두 733권의 책을 고물상에 넘겨버렸다고 한다. 그런데 그 판매금액이 이문열씨의 부아를 더 심하게 긁을 만한 것이었으니, 세상에, 단돈 십원!

한 가지 다행이라면, 현장에는 이문열씨 지지자들도 있었던 모양인데, 달리 충돌이 벌어지지는 않았다는 것. 그만하면 오늘 같은 세상에 있을 수도 있는 하나의 상징적 '문화행사'였구나 싶기도 했다. 예전에 서울대생 김지하가 주동이 되어 치렀다는 '한국적 민주주의 장례식' 장면이 떠오르기도 했으니까.

그런데 이문열씨가 다시 문제를 만들었다. 부산에 가서 어느 시낭송회에 참석했는데, 거기서 자신의 심정을 토로한다는 것이 그만 돌아오기 힘든 지역편견의 루비콘 강을 건너고 말았다. 이문열돕기운동본부 주최자가 아마 전라도 출신일 거라고 했다나.

세상에, 아무리 그의 작가적 존재를 인정해주려고 해도 이쪽에서는 고개가 절로 내저어진다.

이문열씨가 누구인가?

적어도 우리 세대는, 문학을 하든 않든 거의 모두가 그의 책을 읽고 자랐다. 『젊은 날의 초상』에서 보여준 그 쓸쓸하고도 황홀한 방랑, 『황제를 위하여』의 그 자만심에 가득찬 의고체의 매력, 『영웅시대』의 다소 마뜩치 않긴 해도 역사를 이렇게도 볼 수 있다는 그 정면 대결의 작가정신…… 하지만 80년대 중반쯤 접어들면서부터 나는 그의 책, 그의 작품은 거의 읽을 생각도 하지 못했다. 정확히 언제 어떤 계기로 그랬는지 모르지만 그는 이미 내 곁에 함께 있는 사람은 아니었다. 나는 바빴다. 길거리로 뛰어다니느라 바빴고, 매 맞기 바빴고, 먹고살기 또한 징글징글할 정도로 버거웠다.

다시 세월이 지났을 때, 딱 한 번 그가 내 시야에 들어온 적이 있었다.

소설가 황석영씨가 감옥에 들어가 있을 때였다. 우리들은 무조건 그의 석방을 요구하며 여기저기 연판장을 돌려야 했다. 워낙 사정이 절박하다보니 이문열씨처럼 명망 있는 작가들의 가세가 필요했다. 그리하여 마침내 황석영 석방촉구대회가 열리던 날, 나는 행사장에 찾아온 이문열씨를 볼 수 있었다.

그때 내 감정이 무엇이었을까.

그래, 이게 바로 작가야.

단순히 동업자 의식만은 아니었을 것이다. 그는 정말이지 한 사람의 작가로서 황석영씨에 대해 존경의 뜻을 지니고 있었다. 그게 문학의 예의, 문학의 힘이다. 나는 그렇게 생각했다.

그뒤, 나는 그다지 마음에 들지는 않았지만 또 두 사람의 '작가'의 석방을 위해 서명을 했다. 음란물 배포 어쩌구 하는 혐의로 구속된 마광수 교수와 장정일씨의 석방을 위한 것. 서명을 할 때는 솔직히 투덜거리기도 했다. 내가 왜 이런 작가들을 위해서까지 서명을 해야 하지? 하지만 나중에는 그때 참 잘했다는 생각이 들었다. 내가 마지못해 했던 서명은 결국 표현의 자유 문제와 정확하게 연결되었기 때문이다.

이문열씨에 대해서도 나는 그렇게 생각했다. 못마땅하더라도 그가 쓰는 글은 곧 우리 문학의 자산이라고 생각하자. 어떤 독자들은 싫어할 것이고 어떤 평론가들은 아예 자기들이 쓰는 문학사에서 그의 이름을 지워버릴 수도 있을 것이다. 난 이문열씨에 대한 그들의 그런 처우를 존중한다. 마찬가지로 이문열씨가 소설이라는 이름으로 내 주례를 서준 대선배 시인의 욕을 하든 운동권 전체를 버릇없는 아이들로 매도를 하든, 화가 나지만 어쩔 수 없다고 생각했다. 그를 물리적으로 매장하고 (되지도 않겠지만), 그의 책을 물리적으로 분서(焚書)한다고 해서 남는 게 무엇일까? 오히려 모든 게 획일적으로 정리된 심심한 사회가 펼쳐지지 않을까? 나는 그게 두려웠다. 그리고 만일 그가 싫어 그를 초라하게 만들고 싶다면, 누군가가 그가 쓰는 어떤 소설보다 더 가치 있고 더 재미있는 소설을 써서 우리나라 독자들이 차차 그의 품에서 벗어나면 된다. 이렇게 생각했다.

그런데 최근 그가 보인 행보는 나로 하여금 이제 그런 생각조차 접게 만든다.

새삼 책의 무게에 대해서 생각을 해본다.

"수고하셨어요."

나는 갓 나온 내 책을 설레는 마음으로 받아든다. 집으로 돌아오는 버스 안에서 그 책 몇 권을 담은 봉투를 가슴으로 꼭 껴안고 있다. 어서 한번 제대로 보고 싶지만 사람들의 눈이 부끄럽다. 표지에 박혀 있는 내 사진만 아니더라도 뻔뻔하게 꺼내들고 훑어볼 텐데…… 슬쩍 어떤 기대감 같은 것도 스며든다. 한 일 주일쯤 뒤 금세 재판을 찍자고 걸려오는 전화, 혹은 화제의 신간으로 소개되어 있는 어떤 신문지면 같은 것…… 그런데 며칠이 지나고 몇 달이 훌쩍 지나고…… 나는 덤덤한 일상으로 다시 돌아와 있다. 어쩌다 서점에 들르면 소설코너 쪽으로는 멀리서 눈길만 던질 뿐 발길이 가지 않는다. 무서웠을까, 아니면 창피했을까. 어쨌거나 나는 소설을 다시 쓸 수밖에 없는데, 내 발로 찾아가서 마지막 열정마저 스스로 꺾어버리는 어리석음을 범하고 싶지는 않았을 것이다. 그 무렵 나는 소식을 듣는다. 내 책을 낸 출판사가 부도가 났다고 한다. 그리고 며칠 후, 내 제자는 교보문고 앞에서 내 책을 산다.

부도 땡처리 세일!

나는 '근떼기'로 팔려나간 내 책들에 대해 싫지만 생각을 해본다. 참혹하다. 내 책들이 푸른 도장 찍힌 돼지고기처럼 저울에 달리는 꿈을 꾼다. 한 근에 얼마? 책을 그렇게 근으로 달 바에야 차라리 분서를 해다오! 그런데 더욱 참혹한 것은, 분서도 아무나 대상이 되는 게 아니라는 사실이다. 슬프지만, 나는 인정해야 한다. 잘 써야 한다. 더 잘 써야 한다. 이를 악물고…… 작가로서 그야말로 인정을 받을 만한 좋은 작품 한 편 남기지 못하면 그게 어디 작가이겠는가. 나는 새삼 눈물을 삼키며 책상맡으로 다가앉는다.

이제 나는 내가 쓴 작품들, 내가 펴낸 책들의 무게가 얼마쯤인지 짐작할 수 있을 만큼은 나이가 들었다. 한때 황홀하게 나래를 폈던 내 문학적 자만심 같은 것은 이미 오래 전에 사라졌다. 그렇더라도 그때의 기억이 하나같이 다 쓰레기통으로 들어가버릴 정도로 무가치하다고 생각하지는 않는다. 그건 싫어도 내 우주였다. 물론 그 우주 속에는 『젊은 날의 초상』이며 『황제를 위하여』도 들어 있다. 그런데 지금 그 귀한 내 우주 한 구석이 더는 이럴 수 없다 할 정도로 황폐하게 무너지고 있다.

슬프다.

그래도 그는 전혀 슬퍼하지 않을 것이다. 왜냐하면 그의 책들은 아직까지 근떼기로 달아도 단돈 십원이라는 상징성의 무게만큼은 지니고 있기 때문이다.

아니다. 그는 오만하다.

"정전(텍스트)에 대한 패러디가 한계에 부닥치니 마침내 이런 테러를 자행하는 것이다!"

오만해서, 그는 슬픔의 무게를 모른다. 어떤 책이든 찍어내기만 하면 수십만 부씩 나가는 그에게 그건, 슬픔의 무게 따위는, 이미 귀찮은 것이다.

(2001년)

_영월엔 책박물관이 있다

그래도 두 자릿수 번호가 붙은 국도였는데 지나다니는 차들은 많지 않았다. 개중에는 단종이 비운의 최후를 맞이했다는 청량포나 댐 건설을 저지하자 래프팅으로 더 큰 몸살을 앓기 시작한 정선 동강쯤을 목표로 잡은 외지 차들도 있을 터였다. 얼마 전 춘천에서 안동까지 이어지는 중앙고속도로가 생기고 나서는 예전보다야 이용하는 이들이 꽤 늘어났을 것이다. 어쨌거나 아직은 한갓진 길이었다.

속도에 대한 부담감을 털어버리면 안 보이던 것도 눈에 들어오는 법이다. 어느 순간 낯선 이정표가 눈에 들어왔다. "어" 하는 탄성이 신음처럼 흘러나왔다. 일부러 낯선 것 속으로 들어가는 게 여행이라 해도 꽤나 충격적이었다. 차를 세웠다. 눈앞에 황량한 겨울 풍경을 더욱 쓸쓸하게 만드는 제법 큰 개천이 있었는데, 나중에 알고 보니 그게 동강 버금간다는 서강이었다.

그리고 건너편 길가에 바짝 붙은 나지막한 비탈에 바로 책박물관이 있었다.

예전에 아이들이 낑낑거리며 올랐을 계단을 쉽게 오르고, 아이들이 신나게 공을 차며 놀았을 큼지막한 운동장을 가볍게 가로지르면 나타나는 폐교된 초등학교 건물 — 그곳에 이르기까지 아마 당신은 일행과 몇 번이고 의미 있는 미소를 나누었을 것이다.

'호산방 서점'이라고 써붙인 교실에 주인이 있었다. 지금은 보기조차 힘든 조개탄형 난로를 마치 화로처럼 끼고 앉아서. 저절로 웃음이 나왔다. 주인도 웃었다.

요즘 같은 겨울철에는 많을 때 한 오륙십 명, 적으면 열댓 명 정도가 찾아온다고 했다. 그 정도면 의외다 싶은데, 주인이 말을 덧붙인다.

"둘러보고는 뭐 이래, 하고 훌쩍 떠나지요들."

사실 박물관이라고 해봐야 교실 세 개를 전시실로 꾸며놓은 것에 지나지 않았다. 우리가 갔을 때는 아마 주제가 '추억'인 모양(아니, 여기선 사실 그것 말고 딴 주제가 있을 수 있을까?)이었다. 눈에 띄는 모든 게 다 너무나 익숙해서 오히려 낯설기까지 했다.

맞아, 그땐 이랬지.

엄밀히 말하면 그 전시물들은 내 실제적 경험의 영역을 약간 벗어나 있었다. 그렇지만 그것들은 하나같이 우리가 실제 경험하지 못한 것조차 마치 경험한 것처럼 느끼게 하는 묘한 마력을 지니고 있었다.

김내성 지음, 『황금박쥐』(학원명작선집) / 마해송 지음, 『비둘기가 돌아오면』(학원명작선집) / 문교부 추천 『반공독본』(박문출판사) / 겨울방학용 『전시부독본』/ 『전시생활 3-3 우리도 싸운다』(문교부) / 『농사짓기』/ 방정환 지음, 『사랑의 선물』/ 『혁명기념 방학생활』 등등.

벽에 붙어 있는 한 장짜리 달력을 보고는 이런 것도 다 '유물'이 되는구나 싶어 또다시 웃는다. 단기 4294년(1961년) 민의원 의원 권중돈씨가 "내 집 내 마을 땀 흘려 건설해서 웃으며 살아보자"고 말하는데, 한복판 그림 속에선 지게를 진 할아버지가 소를 몬다.

  그 밖에도 영화 포스터, 박가분, 미미 크림, 호적등본, 신분증, 상표 등 갖가지 '허섭스레기'들이 거기에서는 당당히 대접을 받고 있었다.

  마지막 전시실에는 코딱지만한 앉은뱅이 걸상들이 놓여 있었다. 그것들도 '전시물'일지 모르지만 나는 주인이 안 보는 틈을 타서 '감히' 거기에 엉덩이를 걸쳤다. 푹 하고 웃음이 또 터지는데, 눈앞으로는 아이들이 왁왁거리며 뛰어다닌다.

  까만 타이어로 만든 지우개를 쓰다가 공책을 찢어먹는 놈, 칼로 금을 새겨서 책상을 딱 반으로 나눠놓고 넘어오면 죽어, 눈을 부라리는 놈, 그런 말 아랑곳하지 않고 손을 쑥 넘겼다가 기어이 코피가 터지는 놈, 난로에 올려놓은 도시락 순서가 밑에서 세번째 천하 명당이었는데 정작 점심 먹을 때가 되자 귀신이 곡할 노릇이지 맨 밑바닥으로 내려가 까맣게 탄 밥을 보고 기겁하는 놈, 분필 던지는 놈, 여자애 치마 속을 들여다보는 놈, 그런 놈 엉덩이를 냅다 내지르는 놈(?), 코 질질 흘리는 놈, 질질 흘리다 남은 코를 태연히 쓱 삼키는 놈, 이를 식구째로 데리고 사는 놈, 기계충에 버짐은 기본이고 추운 날씨에도 밖에서 얼마나 놀아댔는지 볼마저 소 엉덩짝처럼 튼 놈, 똥봉투 속에 남의 똥 좀 넣자고 애원하는 놈, 그 말 듣고 인심 좋게 성냥개비로 제 똥 찍어주는 놈, 그랬다가 나중에 '넌 인마 없는 게 없구나. 아예 기생충 공장을 차려라' 직사구리 야단맞는 놈, 새로 오신 여자 선생님이 변소에 가는 걸 보고 실망해서는 하루 종일 말도 안 하는 놈……

별별 놈들이 거기 다 있었다.

말하자면 책박물관은 이렇듯 책을 핑계로, 늘 쉽게 감동할 준비가 되어 있는 우리처럼 어수룩한 이들을 시간을 거슬러가는 여행에 끌어들이는 것이었다.

해마다 〈종이로 보는 생활풍경〉이라든지 〈책의 꿈, 종이의 멋 — 이송열 시전지·장서표전〉 같은 기획전도 여는데, 올해는 수십 년 동안 그림일기를 써온 어느 분의 기획전을 준비하고 있다고 했다.

길게 더 말할 필요는 없겠다.

방학이나 주말에 아이들과 함께 한 번쯤 꼭 다녀갈 만한 곳이다. 그런 여유조차 안 나는 이들이라면 인터넷 사이트(http://www.bookmuseum.co.kr)에라도 한번 들어가보시길 권한다. 거기 방명록을 뒤져보는 것도 쏠쏠한 재미를 안겨준다.

안녕하신지요? 어느새 한 해도 저물고 월동준비를 하는 계절이네요. 겨울엔 우리 모두 스산한 추위 속에 인내하는 법을 배우게 되지요? 겨울 바다에서 하느님의 기침 소리가 들리는 듯합니다. 박물관에서 보내주신 '해인글방' 정갈한 글씨와 액자는 감사히 받았구요, 당장 해인글방 입구에 걸어두었답니다. 지난 여름 그곳에 갔다가 서운하게 발걸음을 돌린 일이 다시 떠오르는군요. 주님의 은총 속에 더욱 건강하시고 믿음과 희망과 사랑을 더하는 은혜의 날들이길 기도합니다. 다시 감사드리는 마음으로 부산 광안리에서 겨울바다를 보며……(이해인 수녀)

여름의 끝자락 벼르고 별러 간 박물관 나들이는 쫓기듯 밀려서 살고 있는 서울생활에 신선한 휴식이었습니다. 고속도로를 벗어나 '신림'에 들어서서야 여행이란 기분이 들었습니다. 길가 풀섶, 패랭이꽃도 빼꼼히 피어 있었고, 그 흔한 강아지풀은 일찍 피어버린 코스모스보다 더 반가웠습니다. 붉은 수수밭은 썩은 밧줄을 타고 하늘에 오르려다 떨어진 호랑이의 피로 붉게 물든 것이라는 동화를 생각하게도 했고, 작은 마을 지나 한참을 달리다보니 어느 신문 관장님의 글에서 본 돌탑인가? 어색한 돌탑과 장승이 보였고, 산 넘고 또 산, 산. 물길 따라 다리 건너, 혹시라도 길을 잘못 들어선 것이 아닌가 '골말'을 물어 확인하고 들어선 박물관 입구의 계단이 재미있다는 생각을 하면서 올라서 바라본 앞산. 그리고 하늘의 구름조각. 소나무는 솔바람 되어 불고, "그 바람은 좋은 바람 고마운 바람" 동요 한 구절 흥얼거렸습니다. 운동장의 색 바랜 놀이

기구. 큰 나무에 매달린 '학교 종'. 뒤편은 온통 초록색. 칡넝쿨의 넓은 잎이 시원했고, 꽃다발을 만들고 싶은 무릇꽃이 여기저기 피었고, 박물관 건물은 전시물과 그대로 잘 어울려 참으로 소중한 시간이었습니다. 한 가지 아쉬운 점이라면 옛 모습의 교실 하나 그대로 있어서 교훈, 급훈, 풍금, 책걸상 그리고 뒤 칠판에는 학생들의 작품이 붙어 있었다면…… 제게 할애한 관장님의 시간 또한 감사했습니다. 바로 인사드린다는 것이 이리 늦어졌습니다. (많은 사람들이 오가기에 저를 기억하실는지 모르겠네요) 박물관의 기획, 전시, 계획하시는 것 모두 잘 이루어지시기를 기원합니다. 안녕히!(로사)

한 영국인이 갑자기 어느 시골마을에 찾아들어와서는 생뚱맞게 헌책방을 냈다. 마을 사람들은 기가 막혀 손가락질을 했다. 세월은 흐르고 흘렀다. 어떻게 되었을까. 이제 아무도 그 사람을 비웃지 않는다. 그 마을은 이미 세계적으로 유명한 책 마을이 되어 있었던 것이다.

벌써 십여 년 전부터 내가 아는 이들이 파주에 그 비슷한 마을을 꾸미기 시작했다. 처음에는 우공이산(愚公移山)처럼 막막하고도 한심하게만 들리던 그 이야기가 이제는 거의 현실로 나타나고 있는 모양이다. 영월 책박물관을 만든 이도 책마을을 꾸밀 계획이 있다고 했다. 그러나 거창한 마스터플랜을 갖고 있는 것 같지는 않았다. 그는 사람들이 들어와 함께 책마을을 일궈나가기를 바라지만, 자칫 자신이 처음 시골로 내려올 때의 마음이 변질되면 어쩌나 걱정도 하고 있었다.

그에게 책박물관은 자신이 바라는 삶 그 자체였고, 앞으로 조성되었으면 하는 책마을도 그럴 때만 의미를 지닐 것이라고 그는 굳게 믿고 있었다.

느리지만, 제대로!

난로 옆에서 책을 읽다가 웃으며 손님을 맞이하는 주인의 모습에서 그런 고집의 소중함을 읽었다. 돌아서 나오는데, 자꾸 뒤를 돌아보게 되었다.

영월군수님은 영월을 대표하는 것들 중에서 장차 '책'의 비중이 엄청나게 커질 것이라고, 당연히 생각하고 계시겠지……

(2002년)

* 부기 파주 출판도시는 이미 그 훌륭한 모습을 드러냈다. 이 책을 펴내는 문학동네사도 거기 있다.

_부끄럽지 않은 질투심

얼마 전 주말 저녁에 〈!느낌표〉라는 텔레비전 프로그램이 새로 선을 보였다. 황금시간대의 오락프로그램이니만큼 내로라하는 개그맨들이 등장하는 건 여느 프로들하고 다르지 않았지만, 독서 캠페인을 함께 벌여나가는 게 금세 눈길을 끌었다. 그런데 그 캠페인 방식이 이래저래 출판사들하고 연을 맺고 살아온 내가 보기에는 꽤 파격적이었다. 책 한 권을 골라 한 달 동안 집중적으로 다루기 때문이다. 세상에! '갱제' 모르고 셈눈 어둡기로는 전임 대통령 못지않을 나로서도 머릿속에서 쑥쑥 계산기가 돌아갔다. 셈평이야 두말할 필요가 없는 것. 저래도 공정위나 방송심의위에서 뭐라지 않을까 하는 생각이 들 정도였다. 어쨌거나 책을 많이 읽자는데 괜스레 딴지 걸 필요는 없지 싶었다. 혹 언젠가 내 책도 저 자리에 오르게 될지 모르는 일이고……

프로그램은 이렇게 진행된다.

개그맨 둘이 거리로 나가 아무나 붙잡고 특정한 책을 읽어보았냐고 묻는다. 책을 읽은 사람을 찾아내면 이번엔 기막힌 방식으로 상품을 준다. 일 분인가 백 초 동안에 서가에서 뽑아 가져갈 수 있을 만큼 가져가는 것. 물론 아무리 교양이라는 간판을 내걸었어도 본질은 오락프로그램인데 그걸 그냥 주지는 않는다. 운반 트럭까지 걸어가는 동안에 떨어뜨리면 '말짱 꽝!' 이라는 유쾌한 벌칙이 있었다. 당첨자는 대개 이십대 여자들이었는데, 용케 다들 성공했다.

아마 누군가는 비판을 할지 모른다. 뭐라고 할까? 독서행위를 상품화, 오락화시켰다고? 그런 측면이 없지는 않을 것이다. 하지만 어차피 그 시간대가 도서관에 파묻힌 근엄한 서지학자들을 위해 쓰여지지 않는 이상, 시비를 거는 게 오히려 쑥스럽지 않을까 싶다.

왜냐하면 오락이든 무엇이든 그 대상이 바로 책이기 때문이다. 게다가 책을 찢어버리자는 것도 아니고 책을 팔아 오락실에 가자고 선동하는 것도 아니며, 오히려 책을 읽자는데야……

어쩌다 재수 좋게 당첨된 사람을 생각해보자. 그이는 다음날 당장 처신이 달라질 것이다. 직장에서는 우선 자기네 동료가 '떴다' 고 환호성을 질러주는 수준이겠지만, 아마 저녁 회식 자리에서는 이래저래 다시 그 일이 화제가 될 것이다.

"미스 리, 그 책들 알고나 뽑은 거야? 거 보니 꽤나 수준 높은 책도 있던데."

우리의 미스 리는 곧 그렇게 농을 거는 상사의 콧대를 꺾어줄 만큼 수준이 높아질 것이다. 뭇 사람들의 시선이 이어질 텐데 그게 따가워서라도 가져간 책들을 읽지 않을까.

근묵자흑 근주자적이라고 했다.

집에 책이 많으면 아무래도 책을 많이 읽게 될 것은 분명하다. 대학생 조카가 책꽂이에 교과서 몇 권 외에 책이라곤 만백성이 다 아는 베스트셀러 서너 권만 '비치' 해놓고 있다면, 그건 누나와 매형 탓이다. 잘못된 입시제도? 그건 나중에 탓을 해도 늦지 않을 것이다.

그러고 보면 요즘에는 논술 때문에라도 학생들이 전보다는 책을 많이 읽을 텐데, 거참 이상하지, 내 조카는 논술을 안 보는 학교에 들어간 건가? 캐나다 어학연수에서 돌아오면 물어봐야겠다.

책을 읽는 계기라는 게 꼭 정해져 있지는 않을 것이다. 이런 경우도 있었다.

그때는 대학생도 교복을 입었다. 군청색도 고등학교 때 껌정 교복하고는 비교할 수도 없을 만큼 세련된 느낌을 주었지만, 무엇보다 매력적이었던 것은 꼭 젖가슴이 있는 부분에 비스듬히 달려 있는 지퍼였다. 그때 생각에, 말하자면 그 지퍼를 단 군청색 교복을 입는다는 것은 그 순간부터 뭔지 모르지만 아무튼 인생이 한 단계 업그레이드된다고 믿었던 것 같다. 사실을 말하면, 아무리 세련되었어도 교복은 대학교 들어가서 뭣 모를 때 처음 한두 주일 정도 입다 팽개치는 게 자연스러운 흐름이었다. 이제 강의실이 어디 붙어 있는지 다 알게 되고, 대학교라는 것도 알고 보니 조금은 시시하구나 싶은 생각이 슬슬 고개를 치켜들 즈음이면, 그런 교복을 입고 오는 학생은 '향토장학금'으로 자취를 하는 촌애들 몇몇이 전부였다.

국립 서울대학교 친구들도 일부러라도 배지를 떼고 다녔다. 그런데 '놈'은 달랐다. 교복도 가장 늦게까지 입고 다니더니, 어느 날부터는 가슴팍에 '서울대학교'라는 글씨가 선명한 명찰을 단 교련복을 입기 시작했다. 놈이 무슨 과를 다니는지 아는 친구는 없었다. 어쨌거나 그때부터 놈은 마치 '교련학과' 학생인 양 줄창 그 옷만 입고 다니는 것이었다. 그것만이면 또 우리가 참았을 것이다. 하지만 놈은 다른 국립 서울대학교 친구들하고도 또다른 유별난 구석이 있어서, 악착같이, 그야말로 악착같이 자기네 학교 노트를 손에 들고 타는 것이었다. 얄밉게, 손등으로 마크를 가릴 듯 말 듯 드는 그 학교 노트 아래쪽에는 우리 같은 이삼사오류 대학생들을 아예 절망의 나락으로 떨어뜨릴, 해독불능의 한문이 적혀 있었다.

'朝菌不知晦朔, 蟪蛄不知春秋'

나중에야 나는 그게 『장자』에 나오는 한 구절이라는 것을 알게 되었다.

"하루살이 버섯은 한 달을 알지 못하고 쓰르라미는 봄과 가을을 알지 못한다."

놈이 전철 손잡이를 붙잡는 척하면서 설핏 보여주곤 하던 국립 서울대학교 노트의 그 한문 문장을 겨우 눈에 익히게 되었을 즈음, 놈은 마침내 우리들을 절망케 한 대가를 치르고야 말았다.

전철 안에는 소문이 쫙 퍼졌다.

"햐, 어처구니가 없어서……"

"그러게 말야. 감쪽같이 속아 주눅 들고 살아온 세월을 생각하면……"

놈은 당시 간혹 신문지면을 장식하곤 하던 바로 그 가짜 대학생이었던 것이다.

지금, 까마득하기만 한 그때 일을 생각하면 빙긋이 웃음만 나온다. 한 가지, 지금이라도 혹시 놈을 다시 보게 된다면, 고맙다고는 해야 할 것이다. 왜냐하면 나는 놈 덕분으로 말로만 들었던 『장자』를 건성으로라도 읽게 되었으니까.

지금은 어디 갔는지 보이지도 않지만 내겐 분명히 독일어판 횔덜린이 두 권이나 있었다. 한 권은 시집, 한 권은 『히페리온』.

내게 그 책들이 들어오게 된 계기는 이러했다. 당시 후배들을 지도하던 내 벗 이재현(현 만화평론가)이 기어이 감옥에 갔다. 나는 아직까지 그 '언더서클'에 정식으로 가입하지 않았을 때였는데, 이런저런 이유로 벗의 공백을 조금은 메워주어야 할 의무가 주어졌다. 나는 후배들과 몇 번쯤 문학작품을 함께 읽었다. 그 무렵 벗으로부터 봉함엽서 한 장이 날아왔다. 거기에 책 좀 보내달라는 말이 들어 있었다. 바로 그 두 권의 독어 원서. 착한 후배들은 당연히 명동의 독일어 원서 전문점 소피아서점에 가서 그 책들을 사서 보내주었다. 그런 후 내가 지도하는 공부도 끝났다. 후배들이 물었다.

"선배님, 그 동안 고마웠어요. 감사의 보답으로 우리가 자그마한 선물이라도 해드리고 싶은데, 혹시 꼭 갖고 싶은 책 있으세요?"

"감사는 뭐……"

나는 처음에야 당연히 손사래를 쳤지만, 어느 순간 내 혀는 전혀 엉뚱하게 주접을 떨고 말았다.

"한 가지 꼭 갖고 싶은 게 있다면…… 그 독어책들 있지? 너희들이 교도소로 보내준 거…… 전에 「빵과 포도주」(횔덜린의 시 제목)를 읽고 꽤나 감동받은 적이 있거든. 근데 시라는 게 그렇지 않아? 번역을 하면 아무래도 그 느낌이 제대로 전달되는 것 같지는 않고 말야…… 뭐 지금 당장 그런 걸 읽을 시간도 없겠지만……"

내가 혀로 살짝살짝 말아버리는 말 속에 어떤 감정이 들어 있는지 모를 후배들이 아니었다. 하나는 당연히 비싼 돈 또 들여서라도 그 책들을 사줘야겠다는 것이고, 다른 하나는, 짐작하시겠는가, 말도 안 되는 지적 질투심에 눈이 먼 저 '가련한' 선배가 '참 귀엽네' 하는 것.

고백하건대, 나는 아직도 『히페리온』을 읽지 못했다. 「빵과 포도주」

라는 시는 물론 읽었지만 무슨 뜻인지 잘 모르는 게 당연하고. 그러나 나는 그 시절의 내 지적 질투심에 대해서 후회하지 않는다. 이 자리에서 이렇게까지 얘기를 해놨으니 창피해서라도 언제고 다시 횔덜린을 들춰보지 않겠는가.

(2002년)

_저자들, 혹은 저주받은 운명

세밑이 가까워지면서 몸보다 먼저 마음이 추위를 타기 시작했다. 내가 이럴진대 부도난 하청업체 사람들과 피눈물로 저 지독한 IMF를 견뎌냈다 싶은가 했더니 다시 한번 모진 구조조정의 회오리바람에 휩쓸린 노동자들의 심정이야 어련하랴. 허구한 날 치고받으면서도 말끝마다 나라 걱정 민생 걱정인 정치인들만 남겨둔 채 다들 이민이라도 가고 싶은 심정. 그러나 삶은 오래오래 지속되는 것. 저마다 시린 가슴에 품고 있는 별 하나에 기대를 걸고 사는 수밖에 없지 않겠는가.

예전과는 천양지차라지만 많은 문학도들의 경우에 아직도 그 별은 작가가 되는 것이다. 특히 연말이 다가오면 신춘문예 때문에 밤잠마저 설치는 이들이 허다하리라.

신춘문예도 아니고 버젓한 잡지의 신인문학상도 아니었지만 어쨌거나 나 또한 내가 쓴 소설이 추천을 받게 되었다는 말을 처음으로 전해

들었을 때, 한 달포는 족히 책몸살을 앓았던 것 같다. 언제나 책이 나올까. 하루에도 몇 번이고 전화기로 손이 갔다. 그러나 섣부른 조바심이 혹시 불길한 운명을 불러올지도 모른다는 생각에 애써 참고…… 마침내 단편이 실린 잡지가 나왔다. 나는 두근반 세근반 떨리는 가슴을 진정시키지도 못한 채 서점으로 달려갔다.

참으로 황홀한 경험이었다.

책 표지에 박혀 있는 이름 석 자, 김 남 일. 나는 활자화된 내 이름을 확인하는 순간, 앞으로의 인생이 온통 무지갯빛으로 찬란하게 빛나리라는 예감에 전율하지 않을 수 없었다.

그로부터 십수 년이 지난 지금, 나는 어디에 있는가. 그때 그 시절 손만 뻗으면 훌쩍 잡아챌 수 있을 것만 같았던 그 무지개는 어디에 있는가.

나는 글을 쓴다는 게, 그래서 그걸 책으로 펴낸다는 게 꼭 축복만은 아니라는 사실을 진작에 알아차렸다. 번번이 내 책을 외면한 시장자본주의의 현실도 냉혹하기는 했지만, 그런 변명이 아니더라도 여러 가지 능력 면에서도 솔직히 나는 썩 훌륭한 작가는 못 되었다. 그런데 이런 것도 위안일까, 나는 나보다 훨씬 비참한 이들이 존재한다는 사실도 책을 통해 알게 되었다.

발자크라는 인간이 있었다.

그는 이름 앞에 귀족계급임을 나타내는 '드'를 붙여 스스로를 오노레 드 발자크라 불렀다. 그의 세계 속에서는 귀족만이 살아볼 만한 유일한 계급이었던 것.

젊은 발자크, 버림받은 소년, 어린 시절에는 학교의 형벌실과 레디기예르 거리의 비참한 감옥에 웅크리고 있었고, 집에서는 언제나 거듭 비싼 집세니, 이자, 투자, 종신연금 따위의 소시민의 탄식이나 듣고, 그러니 돈을 벌어라, 착실한 시민이나 하급관리가 되라는 잔소리나 듣던 발자크를 기억해보라.(슈테판 츠바이크, 『츠바이크의 발자크 평전』, 푸른숲)

그런 그가 진정한 귀족계급 여성을 처음 만났을 때 느꼈을 충격이 어땠을까. 그는 당연히 그 귀족 부인에게서 '완전한 존재'를 보았다. 그때부터 그의 모든 능력은 오직 그 계급 속으로 편입되기 위한 눈물겨운 노력에 바쳐졌다. 차라리 모든 계급을 균질화시키는 혁명이 손쉬운 방법이었을 테지만, 이미 귀족계급의 황홀한 속살을 보아버린 그에게는 혁명은 전혀 고려 대상이 아니었다. 그런 상황에서 남은 방법은 오직 하나, 천형처럼 주어진 가난을 벗어던지는 게 급선무였다. 문학도 물론 그중 하나의 수단에 지나지 않았다. 그는 마침내 자신의 문학적 재능을 신흥 자본주의 시장에 내다파는 '악마와의 계약'을 체결한다. 그는 눈코뜰새없이 글을 써댔지만, 그건 문학도 뭣도 아닌, 결국은 '뚜쟁이'들만을 살찌우는 노예노동이었다.

그가 그 속에 몸을 감추고 수상쩍은 사업을 했던 익명이라는 외투를 잘 알게 된 오늘날 우리는, 이 수치의 세월에 그가 문학적인 온갖 더러운 짓을 다 했다는 사실을 알고 있다. 자기 소설에서 찢어낸 넝마조각으로 남의 소설을 깁고, 다시 남의 소설에서 플롯과 상황을 훔쳐내서 자신의 졸작에 이용하곤 하였다. 온갖 종류의 짜깁기를 뻔뻔스럽게 맡았고, 남의 작품을 다림질하고 늘이고 고치고 물들이고 유행에 맞게 뜯어고쳤다. 그는 온갖 것에 다 손을 댔다. 철학, 정치학, 잡담 등 어떤 주문자의 주문에도 잘 맞춰주었고, 재빠르고 능숙하고 뻔뻔스런 숙련공이었으며, 휘파람 한 번에 달려와서 목하 유행중인 온갖 품목에 겸손한 약삭빠름으로 적응하였다.(같은 책)

이런 그가 바로 저 유명한 파리 민중의 풍속도 『고리오 영감』의 저자 발자크였다니!
우리의 김수영은 또 어떤가.
거듭 말하는 꼴이 되지만, 그는 아마 우리 시단의 어느 누구보다 원고료 타령을 많이 했을 것인데, 또 한 가지, 그는 자기가 쓰는 글과 그렇게 글을 쓰는 행위 자체가 스스로를 얼마나 배반하는지도 너무나 잘 알고 있었다.

지난 일 년 동안에만 하더라도 나의 산문 행위는 모두가 원고료를 벌기 위한 매문, 매명 행위였다. 그리고 지금 이 순간에 하고 있는 것도 그것이다. 진정한 '나'의 생활로부터는 점점 거리가 멀어지고, 나의 머리는 출판사와 잡지사에서 받을 원고료의 금액에서 헤어날 사이가 없다.(김수영, 「마리서사」, 『김수영 전집』 2권)

어디 글뿐이랴. 김수영은 도대체가 자기 자신을 포함해 모든 것을 용서할 수 없던 사람이었으니, 마누라도 자식새끼도 시 나부랭이도 '애비'의 금기 뒤편에 유아적 상상력이 아니라 구체적으로 엄연히 존재하는 말도 안 되는 세상도 도무지 용서할 수가 없었다. 하다못해 그는 수도 계량기를 보러온 검침원과 다투다가는 "그래도 미터에 그렇게 나와 있는 걸 어떻게 합니까. 사람보다 기계가 정확한 걸요" 하는 말을 듣자 더는 참지 못하고 뛰쳐나가 동네 이발소에서 제 머리를 빡빡 밀어버렸다지 않은가.
그러니 천생 시인이었노라고 웃어넘기면 그만인가.

산골 처녀 영자가 마침내 텔레비전 휴대폰 광고에까지 얼굴을 드러냈다. 이런 세상이다. 앞뒤 안 가리고 돈이면 다라는 것이다. 내가 아직도 조금은 미련을 갖고 있는 대통령도 돈을 버는 게 애국이라고 침을 튀겨가며 말한다. 마치 저 고난의 식민지 시대, 돈을 가진 자는 돈으로 애국을 하고 싸울 힘이 있는 자는 무기를 들고 나서라는 통일전선의 구호가 생각나서 새삼 눈시울마저 붉어지려고 한다. 돈이야 많이 벌면 좋지만, 버는 방법 버는 이유 쓰는 방법 쓰는 이유가 훨씬 더 중요한 것인데……

어쩌다 세상이 이 지경까지 와버렸을까.

하지만 내 주변엔 핏대를 못 참고 씨근덕거리는 '김수영들'도 아직은 몇이 보인다. 엊그제도 한 김수영이 아침 일찍 전화를 걸어왔다.

"이런 말을 해서 어쩔까 모르겠는데, 이번에 낸 시집들 안 좋더라. 문제가 많아."

이름을 굳이 밝히지는 말자. 그저 박모 영모 근모라고만 해두자. 그는 밤새 내가 주간으로 있던 출판사에서 낸 신간 시집들을 읽고 또 읽다가 '이게 아닌데. 문학이, 시가, 서정적 화자가 이래서는 안 되는데.' 제가 더 애간장을 끓였을 것이다. 그러다가 마침내 환하게 날이 밝아오자 애써 전화를 해서는 자못 비장하게 그런 충고를 건넸을 것이다. 나는 그 김수영이 얼마나 고마웠는지 모른다. 돈이 아닌 어떤 정신적인 데 가치를 두는 그런 김수영들이 있는 한 세상은 아직도 살 만하겠기 때문이다.

젊은 시절 내가 섬광처럼 보았던 무지개는 진작에 진작에 사라져버렸다. 그리고 나는 더이상 한 사람의 작가, 한 사람의 저자로 존재하는 내가 행복하다고 믿을 만큼 순진하지도 않다. 그래도 구조조정의 한파가 몰아닥치는 이 추운 겨울에 한 사람의 독자로서 터무니없이 백석(白石)을 꺼내 읽을 만큼은 아직 순진하다.

가난한 내가
아름다운 나타샤를 사랑해서
오늘 밤은 푹푹 눈이 나린다

나타샤를 사랑은 하고

눈은 푹푹 날리고

나는 혼자 쓸쓸히 앉아 소주를 마신다

—「나와 나타샤와 흰 당나귀」 중에서

이쯤이면 저자로 사느니보다 한 사람의 독자로 남는 게 얼마나 행복한 운명인지 알 법도 한데, 그래도 오늘 또 나보다 늙은 내 제자 아주머니들은 소설을 가르쳐달라고 졸라대니 참으로 묘한 게 한 길 사람 속이다.

(2000년)

_ 책 앞에 부끄럽다

〈!느낌표〉라는 텔레비전 오락 프로그램을 아실 것이다. 그중에 '책, 책, 책을 읽읍시다'라는 코너가 있는데, 발상이 꽤나 신선해서 즐겨 보곤 했다. 방송의 위력은 굉장했다. 사회를 보는 두 개그맨의 손은 미다스 왕의 손이라 만지는 책들은 단번에 베스트셀러가 되었다. 그 '행복한' 작가들 명단에 아는 이들의 이름이 늘어갔고, 동업의 처지에서 약간 배가 아프기도 했다. 비판도 없지 않았다. 그 책들만 빼고는 오히려 판매량이 줄어들었다는 출판사들의 볼멘 목소리도 들려왔다. 그렇지만 나는 황금시간대에 책을 화제로 삼았다는 점만으로도 옹호하는 편이었다. 얼마 전에는 내가 몸담았던 출판사에서 펴낸, 존경하는 선배 작가의 소설이 선정되는 경사까지 생겼으니……

그 직후 믿기지 않는 이야기를 들었다. 문학평론가 김종철 선생이 당신의 출판사 책이 선정되자 정중히 거부 의사를 표했다는 것. 담당

피디에게는, 지은이가 허락하면 되지 않겠느냐고 위로하면서. 피디는 다시 전화를 걸었다. 하지만 지은이 권정생 선생의 반응 역시 정중한 사의였다.

이 놀라운 이야기는 가십처럼 쉽게 묻혀버렸지만, 내 가슴에 남은 충격은 컸다. 두 분이 내건 이유인즉, 독자들로부터 "책 고르는 재미"를 빼앗아버릴 수는 없다는 것이었다. 세상에! 그렇게 생각할 수도 있는 거구나, 머리가 어찔했다.

내 요즘 사는 꼬락서니를 절로 뒤돌아보게 되었다. 글 한 줄을 쓰더라도 컴퓨터 앞에 앉지 않으면 불안하다. 원고지는 한 십 년 써본 적이 없다. 글을 쓰다가 찾아야 할 게 있으면 인터넷 검색창에서 가볍게 해결한다. 두꺼운 사전을 펼칠 이유가 없다. 서점에도 잘 가지 않는다. 사고 싶은 게 있으면 인터넷 서점을 이용, 딸깍하면 그만이다. 한 사흘쯤 있으면 딩동 벨이 울린다. 나는 영수증에 서명을 하고 선물처럼 책꾸러미를 받아든다.

이러고도 작가다!

새삼 얼굴이 달아오른다.

"책은 늘 책 이상이다." 누가 한 말인가? 책은 눈앞에 보이는 고형 물질, 또는 그 속에 담겨 있는 정보의 양만이 다가 아니다. 어린 시절 누나의 책꽂이에서 본 빨간색 표지 『소월시집』은 그 속에서 설핏 떨어지던 빛바랜 은행잎만큼이나 지금도 가슴을 설레게 한다. 한가한 휴일 오후, 어쩌다 옛날 소설책을 꺼내 표지를 들추자 나타나는, 법무부 관인이 찍힌 '도서열독허가증'은 내 젊은 날의 방황을 고스란히 증명한다. 술자리에서 모처럼 김지하의 『황토』가 화제에 오르면, 지금은 지방대학에서 조용히 늙어갈 벗의 얼굴이 문득 떠오른다. 적조했구나, 벗이여. 그럴 때 책은 두루 추억이다. 세배를 간 노시인의 집에서 만난 서가는 그것 자체로 한국문학의 위엄이다. 시골 우체국에서 네루다를 끼고 온 중년 여인을 보았을 때, 히말라야 산속 로지에서 마르케스를 읽는 서양 여자를 보았을 때, 나는 다가가 말을 걸고 싶은 욕망을 애써 참아야 했다. 그때 책은 좌절된, 그렇지만 아름다운 욕망이다.

고백한다. "책은 늘 책 이상"이라고 폼나게 말한 바 있는 나는 〈!느낌표〉에서 연락이 오면 아마 로또복권에 당첨된 것처럼 흥분할 것이다. 그 한 일 년쯤 뒤 달라졌을 내 모습이 보인다. 글, 그런 거 왜 쓰지? 책, 그런 거 왜 보지?

두루두루 부끄럽다. 김종철, 권정생 선생에게 부끄럽고, "책만은 책이 아니라 '冊'으로 쓰고 싶다"고 한 선배 작가에게도 면목이 없다.

(2003년)

*부기 한글 전용 원칙을 99%(책) 지지하면서도, 1%(冊)의 여유는 좀 남겨달라고 부탁하고 싶다. 그 1%의 상형조차 금세기 안으로는 달라질 것만 같아 두렵다.

_진짜 원조 왕솥뚜껑 생삼겹살집

내가 몸담고 있는 문학단체는 해마다 고교생 백일장을 연다. 처음에는 독립문공원에서 행사를 치렀다. 학생들은 쨍쨍한 가을 햇살을 피해 울긋불긋 단풍이 물든 나무 그늘 아래서 정성껏 원고지를 메워나갔다. 심사를 기다리는 동안에는 열 명, 스무 명, 조를 짜서 작가들과 대화의 시간을 가졌다. 문학 소년 소녀들의 눈망울은 별처럼 또랑또랑했다. 상을 타지 못해 풀이 죽은 아이들도 있었지만, 그것조차 좋은 경험이 아니었을까. 선생님들은 떨어진 아이들을 데리고 근처 떡볶이집으로 자리를 옮겼다. 첫번째 백일장은 이렇듯 두루두루 행복한 추억으로 마무리되었다.

이듬해부턴가는 늦봄이나 초여름에 행사를 치러야 했다. 입시(수시 모집)에 백일장 성적이 반영되는 점을 고려하지 않을 수 없기 때문이었다. 그래도 독립문공원에서 백일장을 여는 것은 당연한 일이어서, 주최

측은 며칠 전부터 일기예보에 신경을 곤두세우곤 했다.

그러다가 대학교 강당으로 장소가 바뀌었다. 표절과 부정행위 문제가 심각하게 제기되었기 때문이다. 주최측의 취지나 소망과는 달리 학생들은 백일장을 또하나의 입시처럼 생각하고 있었다. 어떤 아이들은 핸드폰을 사용해서 모범답안을 전해들었고, 또 어떤 아이들은 미리 외워온 남의 작품을 태연히 베껴 내기도 했다. 꿈 많은 문학 소년 소녀들의 잔치판이어야 할 백일장은 언감생심 바랄 수도 없는 노릇이었다.

백일장의 미래가 자못 불안한데, 그게 꼭 책의 운명 같다는 느낌이 든다.

출판사에 다니는 후배 시인이 이야기를 해주었다. 요즘엔 단편소설 모음집 표지에 누구누구 '소설집' 대신 누구누구 '소설'이라 쓴다고 했다. 단편집이 장편소설에 비해 잘 팔리지 않기 때문에 한 출판사 측에서 그런 '묘수'를 창안해냈다는 것이다. 언뜻 별것 아닌 것처럼 생각할 수도 있겠지만, 출판계의 생존전략은 들으면 들을수록 눈물겨웠다.

이제 원고지 천 매가 넘는 소설은 찾아보기 어렵다. 삼백 페이지가 넘어가면 독자들이 부담스러워하기 때문이다. 판형도 신국판만 고집하지 않는다. 가로를 자르든 세로를 키우든 눈에 띄어야 한다. 본문도 단색만 쓰는 시대는 지나갔다. '점잖은' 소설책에서도 2도 3도 색깔을 사용한 경우를 쉽게 볼 수 있다.

그게 뭐 어때서? 하긴, '평양 랭면집'이니 '함흥 단고기집'하면 어째 좀 심심하지 않은가. 당장 길거리 간판을 보라. 우리는 다행히 '진짜 원조 왕솥뚜껑 생삼겹살집'이다. 삼겹살도 아니고 '생' 삼겹살이고, 그 위에 '솥뚜껑'을 얹었는데, 그것도 '왕' 솥뚜껑이다. 게다가 '진짜 원조'! 이 정도면 영양이 흘러넘치는 이라도 들르지 않고서는 배기지 못할 것이다.

언젠가 대학에 다니던 조카의 방에 들어가본 적이 있다. 그때 책꽂이에 꽂혀 있던 책이 다 합해 스무 권이 채 되지 않았다. 그나마 반은 전공서적이요, 나머지 반은 만화책과 당시 유행하던 베스트셀러 서너 권이 전부였던 것 같다. 그래도 그애가 올해 졸업하자마자 일류 기업에 들어갔다. 내가 비법이라면 비법을 아는데, 책 볼 시간에 캐나다로 어학연수를 떠나라. 장담한다.

(2003년)

* 부기 조카애가 이 글을 볼 확률은 거의 없다. 그래도 어쩌다 보게 된다면? 미안한 마음에 나는 조카애를 데리고 '진짜 원조 왕솥뚜껑 생삼겹살집'을 찾을지 모른다.

_ 생의 한순간

청년은 다시 짐을 꾸렸다. 세 차례나 시외버스를 갈아탄 끝에 어느 한갓진 시골 길가에 내렸다. 새벽에 서리가 내렸을 들판이 휑하니 누워 있을 뿐, 혼자였다. 순간 좀 당황스러웠지만 버스는 저만큼 사라진 뒤였다. 청년은 자신이 추수 끝난 빈 들판에 서 있는 허수아비와 다르지 않다고 생각했다. 7월의 땡볕 아래 더운 땅김을 뿜어올리던 논밭을 도저히 연상할 수 없었다. 며칠 사이에 백 년을 다 살아버린 느낌. 청년은 울컥 솟아오르는 허탈감과 분노를 견디기 어려웠다. 죽는다면, 이대로 죽는다면…… 그녀가 울어줄 것인가. 내가 잘못했다고, 미안하다고 말할 것인가. 그럴지도 몰랐다. 하지만 그 목소리를 들을 수 없다면, 죽음은 또 무슨 소용인가.

산사에 짐을 풀었지만 청년은 아무것도 할 수 없었다. 외교관이 되어 보란 듯 복수를 하겠다던 꿈같은 것, 이미 계곡 물소리에 흘려보낸 지 오래였다. 함께 기숙하는 수험생들이 개정에 개정을 거듭해서 누더기가 된 대한민국 헌법책을 들여다볼 동안에 청년은 툇마루에 멍하니 앉아 있었다. 감나무 잎사귀 사이로 늦가을 햇살이 따가웠다. 저 아래 꼬불꼬불 산길을 따라 내려가는 땡추 주지의 오토바이가 보였다. 그는 대처로 나가 여자와 아이들을 보고 돌아올 것이었다. 돌아오는 오토바이 짐 바랑에는 『선데이 서울』이 꽂혀 있을 터였다. 산다는 게 이리도 탐욕스러운 것인가. 시간의 숨이 얼마나 긴지 상상할 여유조차 없는 청년은 그 순간, 미칠 듯 따가운 햇살 아래서 자신의 미래를 외곬으로만 정리해내고 있었다.

그때 감나무 곁으로 바람이 살짝 불었을 것이다.

청년의 발 앞에 누렇게 색 바랜 신문지 한 장이 굴러왔다. 청년은 무연히 그 신문지를 주워들었다. 읽는 둥 마는 둥 하던 어느 순간, 숨이 콱 멎었다. 「사평역에서」라는 신춘문예 당선 시였다.

"막차는 좀처럼 오지 않았다/ 대합실 밖에는 밤새 송이 눈이 쌓이고/ 흰 보라 수수꽃 눈 시린 유리창마다/ 톱밥난로가 지펴지고 있었다/ 그믐처럼 몇은 졸고/ 몇은 감기에 쿨럭이고/ 그리웠던 순간들을 생각하며 나는/ 한줌의 톱밥을 불빛 속에 던져주었다"

청년은 쿵쾅거리는 가슴을 어쩌지 못했다. 목덜미를 익힐 듯 따갑게 내리쬐던 땡볕도 더이상 느끼지 못했다. 눈앞에 무엇인가 전혀 새로운 물상이 보이는 듯싶었다.

청년은 얼른 방 안으로 들어갔다. 일기장을 꺼내 정신없이 쓰기 시작했다. 가슴속을 콱 메우고 있던 커다란 덩어리가 한꺼번에 녹아내리는 것 같았다. 울었을까. 만일 그랬다면, 그것은 슬픔과는 전혀 다른 종류의 감정 때문이었을 것이다.

이듬해, 아니면 그 이듬해 청년은 작가가 되었다.

시 한 편이 생을 바꿨다고 말한다면 거짓일 것이다. 그러나 누구든 생의 어느 갈피인가에는 시 한 편이 숨어 있을 것이다.

담 너머의 미래를 전혀 설계할 수 없었던 한 정치범은 대신 제 발 밑을 유심히 살피기 시작했다. 그리고 거기 전혀 다른 생이 존재하고 있다는 사실을 깨닫는 순간, 그는 이미 갇힌 영혼이 아니었다. 지금 우리는 그가 느낀 그 기막힌 찰나의 감동을 『야생초 편지』라는 책을 통해 함께 느낄 수 있다.

지난해 나온 『푸른작가』라는 청소년 문예지에는 작가들의 어린 시절 이야기가 수록되어 있다. 학교 숲에서 파아란 하늘을 쳐다보며 엘리엇의 「프루프록의 연가」를 외던 강은교, 보리밭 길에서 우연히 주운 짝사랑 누나의 수첩에서 본 한하운의 시 「보리피리」를 훔쳐 읽은 시인 박상률…… 물론 책만이 운명을 결정하는 것은 아니다. 그러나 책이 없다면, 시가 없다면, 구량리역 작약꽃밭 앞에서 통학하는 누나들을 골려먹던 악동이 훗날 시인(이원규)이 된 사연을 어찌 들어볼 수 있으랴.

시집을 들여다본 지 오래되었다. 사본 지는 더더욱 까마득하다. 오늘, 시내에 나가면 모처럼 서점에 들러볼까나. 문득, 그때 나를 산사로 내몬 옛 애인이 그립다. 잘 살고 있을 것이다.

(2003년)

_가끔은 책을 덮고

여름 휴가철이다. 신문마다 휴가 기간에 읽을 만한 책들을 소개하는 건 이미 오랜 관습이 되었다. 얼핏 생각에 고마운 일처럼 보이지만, 달리 생각해볼 구석도 없지는 않다.

소로는 『월든』에서 "필요하다면 강에 다리를 하나 덜 놓고, 그래서 조금 돌아서 가는 일이 있더라도 그 비용으로 우리를 둘러싸고 있는 보다 어두운 무지의 심연 위에 구름다리 하나라도 놓도록 하자"고 말했다. 그런데 이 구름다리가 비단 '책'만은 아니다. 소로는 책을 하나의 '언어'라고 생각한다. 그래서 우리가 책으로 대변되는 하나의 언어에만 몰두하면 다른 언어를 잊어버릴 위험이 크다고 경고한다. 그 다른 언어는 무엇일까?

"나는 내 인생에 넓은 여백을 갖기를 원한다. 어떤 여름날 아침에는 이제는 습관이 된 목욕을 감은 다음, 해가 잘 드는 문지방에 앉아서 해뜰

녘부터 정오까지 한없이 공상에 잠기곤 했다. 그런 나의 주위에는 소나무, 호두나무와 옻나무가 무성하게 자라고 있었으며 그 누구도 방해하지 않는 고독과 정적이 사방에 펼쳐 있었다. 오직 새들만이 곁에서 노래하거나 소리없이 집 안을 넘나들었다. 그러다가 해가 서쪽 창문을 비추거나 또는 먼 행길을 달리는 어느 여행자의 마차 소리를 듣고서야 문득 시간이 흘러간 것을 깨달았다. 이런 날에는 나는 밤사이의 옥수수처럼 무럭무럭 자랐다."

　동남아 여행중에 특히 서양인들이 틈만 나면 문고판 책을 읽는 것을 종종 목격했다. 어렸을 때부터 하도 다른 나라와 독서열을 비교당해서인지 처음에는 당연히 부러움과 부끄러움을 동시에 느꼈다. 때론 나도 그런 이들을 흉내내서 덜컹거리는 버스 안에서도 애써 책을 꺼내들기도 했다. 나름대로 '필승 코리아'의 명예도 조금은 생각했을 것이다. 그러다 언제부턴가 생각을 조금 달리하게 되었다. 애써 다른 나라에 여행을 와서까지 책만 본다? 어딘가 좀 이상한 느낌이 들었다. 저 사람들은 이 낯선 풍물에 관심도 없다는 건가?

　물론 책을 읽는 것은 좋은 일이다. 읽어야 한다. 그러나 가끔은 책을 덮어야 할 때도 있는 법이다. 책의 언어로만 모든 것을 재단할 때, 우리는 어쩌면 우리를 둘러싸고 있는 생의 귀중한 비밀을 놓칠 수도 있다. 어린 시절의 소로가 밤사이 옥수수처럼 쑥쑥 자랐던 것은 단지 책 때문만은 아니었다. 세상에 존재하는 무수한 '방언'들에 어떤 편견 없이 몸을 맡기는 것도 성장의 한 비밀일 수 있다. 새의 방언, 꽃의 방언, 하늘과 강의 방언…… 하다못해 소로는 화차에 실려가는 찢어진 돛을 보고 그것들이 겪은 "폭풍우의 역사를 이 찢어진 자국들만큼 생생하게 그려낼 사람이 어디 있는가? 이것들은 더이상 고칠 필요가 없이 바로 인쇄에 들어갈 수 있는 교정쇄"라고 말한다.

휴가철, 모처럼 책을 읽겠다는데 힐난하는 뜻, 결코 아니다. 아니, 박수로 격려라도 해주어야 한다. 그러나 때로는 이번 여름엔 이 정도는 읽어야지 하는 부담감마저 훌훌 털어버리고 온전히 자연에 몸을 맡겨보는 일탈도 감행해볼 일이다. 지리산 자락 의신 마을 앞 강가 복판에 엄청나게 큰 바위가 있다. 한밤중 거기에 올라가 큰대자로 누워보시라. 주먹만한 별은 쏟아지고, 당신은 조물주가 꾸민 생의 비의에 전율마저 느낄지 모른다.

책을 제대로 덮을 줄 아는 이는 아마 누구보다 책을 많이 읽지 않을까 싶다.

(2003년)

* 부기 이런 교훈을 나는 어디서 얻었는가. 결국 책이다. 이번 여름에 한 권의 책을 권한다면, 그건 바로 『월든』이다. 이런 허세, 용서하시라.

_사전이여, 안녕!

지난 연말부터 베트남 말을 배우고 있다. 일 주일에 한 번씩 하는 토막공부이지만 이제 전철에서 어디 베트남 사람 없나 은근히 둘러보는 용기까지 생겼다. 그래도 벗들의 반응은 여전하다.

"그거 배워서 뭐 해?"

"하, 역시 자네다워. 쓸데없는 짓 하는 덴 선수야, 선수."

"그러니까 소설을 못 쓰지. 공불 너무 열심히 하면 안 되는 거야."

대답이 궁색할 수밖에 없다.

"뭐, 그냥……"

내 스스로 그게 또하나의 '쓸데없는 짓'이라는 걸 인정하는 셈이다. 베트남에 여러 번 다녀왔지만 말 때문에 불편했던 기억은 없다. 거기에 무슨 아이스크림 가게라도 낼 재산이며 계획이 있는 것도 아니다. 그렇다고 내 나이가 뭐든지 배워두면 나중에 다 득이 된다는 지우학(志于

學)이나 약관(弱冠)도 아니지 않은가.

그러면 왜?

굳이 대답을 하라면 겨우 이렇게 말할 수는 있겠다. 첫 베트남 여행을 마치고 돌아왔을 때, 내 배낭에는 영어-베트남어 사전이 들어 있었다. 그뒤 두번째 가서는 베트남어-영어 사전을, 그 다음번에는 다시 화(華, 한자)-베트남어 사전을 사가지고 돌아왔다. 가뜩이나 무거운 배낭에 그것들을 꾸려넣을 때에는 분명히 욕심이 있었다. 하지만 여행은 어디까지나 여행이다. 현지에서 다급할 때 도움을 주고받은 사람과 백년지기라도 맺을 듯 주소도 적고 하는데, 돌아오면 기껏 사진 한번 주고받는 게 보통이다. 내 사전들 또한 풍진 속에 잊혀지는 운명을 피할 도리가 없었다. 지난 연말 지금의 베트남어 선생을 만나지 않았다면, 펼쳐볼 기회조차 아직 얻지 못했을 것이다.

내 책장에는 그런 책들이 꽤 있다.

『라싸 구어독본拉薩口語讀本』(라싸는 현 중국령 티베트 자치주의 수도)과 중학교 시절 알파벳을 배울 때 썼던 『펜맨십』을 닮은 『티베트어 펜글씨 연습장』『라틴어 문법』『Beginning Nepali』『간명 노신사전簡明魯迅辭典』『사해辭海』『중국혁명사 인물대사전』 등등.

거개가 여행지에서 사가지고 온 것들인데, 어느 것 하나 제대로 들춰본 기억이 없다. 명색이 지식인인데 『중국혁명사 인물대사전』 정도야 들여다볼 수 있어야 할 것이다. 나도 그렇게 생각해서 거금을 주고 사왔다. 그러나 알다시피 우리가 익힌 고전체 한자로는 책 제목이나 겨우 구분해내면 다행이다. '사해'는 말 그대로 '말의 바다', 즉 『우리말 큰 사전』 정도가 되는 책이니 부피가 이만저만하지 않다. 지금 그 책은 다른 『우리말 큰 사전』과 짝을 이루어 책꽂이로 쓰는 널판자를 떠받치는 데 한몫을 하고 있다. 『간명 노신사전』이라고 다를까. 노신에 대해 아무리 흠모의 정을 지니고 있다 해도 역시 중국어 간자체를 모르면 두 번 펼칠 엄두가 나지 않는다. 그러니 오천 미터 고원에서 본 하늘에 반해 무작정 사가지고 온 티베트어에 대해서는 더더욱 할말이 궁할 수밖에.

그럼 도대체 내 속의 어떤 내가 이런 따위 쓸데없는 짓을 거듭하게 하는가.

또이 꿍 무언 비엣 리 조 도 Toi cung muon biet ly do do.*(성조 표기 생략.)

책 중에서도 사전(辭典/事典)만큼 쓸데없는 게 또 있을까.

디드로나 달랑베르 같은 계몽사상가들의 감수로 이루어진 『백과전서』는 프랑스 대혁명의 정신적 토대가 되었다고 한다. 그렇게 생각할 수 있을 것이다. 또한 얼마나 많은 종류의 사전이 있느냐에 따라 선후진국을 가름할 수 있다는 말도 있다. 그럴 수도 있을 것이다.

우리의 경우도 요즘 들어서는 서점 서가를 장식한 사전류가 꽤나 다양해졌다. 갖가지 외국어 사전은 세계화 시대에 당연한 추세라고 해도,

---

* '나도 그 이유를 알고 싶어요'라는 뜻의 베트남어.

심지어 중국의 『노신사전』 부럽지 않게 『토지사전』이며 『태백산맥 다시읽기』까지 눈길을 끌고 있으니 과연 월드컵을 유치한 나라의 저력은 내비친 셈이라 하겠다.

그렇더라도 우리 주변에서 사전이 귀한 대접을 받고 있는 것 같지는 않다. 이런 자리에서 책이야기를 하는 나만 해도 몇 권의 사전을 그저 책꽂이 굄목 구실로나 쓰고 있지 않은가. 솔직히 말하건대, 사전은 그것을 만들어내는 공력에 견주면, 다시 말해 그 공력의 표징인 무게나 부피에 견주면, 정작 '쓸모'라는 것은 터무니없이 가볍고 얇은 것만 같다.

사전에 관한 한, 우리 세대의 기억 속에서 최초의 실물은 국민학교 졸업식 때 귀빈으로 참석한 우체국장이나 농지개량조합장이 상으로 주는 '콘사이스' 영한사전이었을 것이다. 표지를 넘기면 파란 잉크가 선명한 꽃이파리 도장 속에 '상(賞)' 자가 찍혀 있는 사전. 그것이 장차 한 아이의 운명에 얼마나 큰 영향을 미쳤을까. 그 아이는 엄마 손을 붙잡고 교문을 빠져나오는 순간, 제 뒤통수에 꽂히는 뭇 사람의 시선이 무척 따가웠을 것이다.

"봐라, 이눔아! 쟤는 우체국장님 상도 받잖았어? 지지리도 못난 놈! 넌 그래 그 흔한 개근상장 하나 못 타?"

"아부지, 상장 타면 뭣 하게요? 담배 마는 데 쓰실라구요? 글구 쟈는 원래 그런 앤데요?"

"이눔아, 원래 그런 애가 어딨간디? 다 지 허기에 달린 거지. 이눔이 영복이두 탄 개근상장 하나 못 탄 주제에 까치 새끼마냥 입만 발랑 까졌

네? 아나, 이눔아! 넌 짜장면 국물도 없다."

"아부지, 국물 있는 건 우동 아녜요?"

상을 받은 아이는 난생 처음 읍내 영춘루에 들어가서도, 영한사전 한 권이 제게 가져다줄 황홀한 꿈에 젖어, 자장면이 입으로 들어가는지 코로 들어가는지 모를 정도였을 것이다.

중학교에 들어가자 이상한 소문이 들려오기 시작한다. 서울 일류 고등학교에 들어간 어떤 선배는 길을 걸으면서도 늘 영어 단어를 외웠는데, 그러다가 전봇대에 머리를 부딪힌 게 한두 번이 아니라고 했다. 또 어떤 선배는 아예 영어사전을 통째로 씹어먹었다고 했다. 한 장 한 장, 다 외우면 씹어 먹고 다 외우면 씹어 먹고……

물론 훗날 그 아이도 알게 된다. 사전이라는 게 막상 사고 보면 두어 번 들추다가 이내 책꽂이 장식용으로 전락하고 만다는 사실을. 그때쯤 성년이 된 아이는 인생이 온통 '속도'라는 가치하고만 관계를 맺고 있다는 사실도 깨닫게 되는 것이다. 남보다 성공하려면 더 빨라야 한다! 그런데 알다시피 사전은 기본적으로 그런 속도의 영역하고는 담을 쌓고 있지 않은가.

천만에!

세상은 한참 달라졌다. 사전조차 속도의 자장에서 자유롭지 못한 것이다. 인터넷을 뒤지면 없는 게 없는데, 굳이 실물 사전의 필요성을 느낄 까닭이 없다. 지금 이 글을 쓰면서도 나 역시 두 번이나 인터넷을 뒤졌다. 인터넷 검색창 자체가 사전이기 때문이다.

스물이 약관이면 열다섯은 뭐지?

백과전서파라고 있지, 그런데 그게 뭐였더라.

베트남어 수업시간의 일이다.

우리를 가르치는 베트남 여선생이 대학원에 가서 교육학을 공부하겠다고 말했다. 사계의 전문가들에게는 죄송한 말씀이지만 우리는 두 손을 들고 말렸다.

"교육학, 배울 거 없어요. 한국에서 무슨 교육학……"

"그래요, 차라리 『페다고지』나 『학교는 죽었다』 같은 책을 보세요."

선생은 당혹해했고, 우리는 신이 나서 더 말했다. 배울 거 없어요, 한국에서는. 천민자본주의의 전형이잖아요. 졸부들에게서 배울 건 몰염치와 무례함, 이기심, 탐욕 같은 것들뿐이에요. 사람이 어떻게 하면 사람을 타고 넘을 수 있을까, 그거 배워서 잘살면 뭐 합니까?

그러다가 동료 한 사람이 이런 말을 보탰다.

"내가 여기 국문과에 공부하러 온 몽골 사람을 아는데, 그 사람이 어느 날 내게 숙제를 보여주더라구요. 세상에, 나도 모르는 옛말 죽은말들이 노트에 빼곡해요. 먹고사는 게 급할 몽골 사람에게 도대체 그걸 가르쳐서 뭐 하겠다는 건지 모르겠어요. 이게 한국의 대학 실정입니다."

얼핏, 무언가 좀 방향이 다르다는 느낌이 들었다.

"왜, 그래도 그런 걸 공부하는 사람이 하나쯤은 있을 수 있잖아."

"무슨 소리! 그딴 쓸데없는 걸 공부해서 뭐에 써먹게요?"

나는 깜짝 놀랐다. 여지껏 나와 생각이 크게 다르지 않다고 생각했던 그의 입에서 나온 말이라고는 믿고 싶지 않았다. 따지고 보면 그의 말이 그른 것은 아니다. 몽골 사람이 배우는 케케묵은 우리 고전이나 내가 배우는 베트남어나 쓸모없기로는 크게 다르지 않을 것이다. 하지만 나는 가슴속에 번지는 진한 아쉬움을 쉽게 드러내 보이기 어려웠다.

그날 밤, 집으로 돌아오니 책장 속의 사전들이 더더욱 낯설게만 보였다. 이제 저 쓸데없는 사전들하고는 이별을 고해야 하는가.

(2002년)

* 부기 교정을 보는 지금, 내 책꽂이에는 그새 그런 책들이 한 열 권쯤 더 늘었다. 그중 가장 '쓸모없는 책'은 이번 여름에 사온, 『외국인을 위한 라오독본』이리라. '라오'는 라오스 말이다. 처음 보면 땅바닥을 기는 환형동물을 연상할 텐데, 두세 번 보면 그 예술성에 홀딱 반하게 된다. 삼교를 보는 지금은 몽·한사전과 한·몽사전이 더 늘었다. 이제 나는 키릴 문자까지 익혀야 한다. 가뜩이나 부족한 뇌의 용량을 새만금 방조제처럼 아예 메워버릴까 두렵다.

_책 읽는 소리가 그립다

이미 언급한 적이 있지만, 〈!느낌표〉라는 텔레비전 프로그램이 화제다.

두 명의 개그맨이 행인들의 코앞에 책을 들이민다.

"이 책 읽어보셨어요?"

반응이 각양각색인데, 읽은 사람보다 안 읽은 사람이 당연히 많다. 다시 질문이 이어진다.

"감명 깊게 읽은 책은?"

만화도 나오고, 『연탄길』이며 『홀로서기』 『국화꽃 향기』 같은 베스트셀러도 나온다. 수준 운운하며 외면할 일이 아니다. 내가 만일 명동 한복판에서 그런 질문을 받았다면? 눈앞에 선명하게 그림이 그려진다. 당황한 나는 우물쭈물 얼굴만 붉힌다. 머릿속으로 숱한 책들이 스쳐가는 듯싶은데, 혀는 돌처럼 굳어버린다. 전국의 시청자 중에는 나를 아는 이도 꽤 많을 것이다. 그들이 저녁 밥상 앞에서 끌끌 혀를 차는 소리가 들린다.

"어, 쟤, 제법 책하고 노는 줄 알았는데 이제 보니 영 아니올시다네?"

당황해서 그랬노라고 나중에 변명할 수 있을까?

찬찬히 생각하면 감명 깊게 읽은 책 목록만으로도 지면을 채울 수 있을 것이다. 그런데도 나는 왜 선뜻 책이름을 대지 못할까? 아니 당연히 못할 거라고 생각하는가?

정도가 지나치면 미치지 못함과 다르지 않다는 과유불급(過猶不及)이라는 말이 퍼뜩 떠오른다. 내가 다른 이들보다 많은 책을 읽었다고 자랑하려는 게 아니다. 오늘을 사는 이들의 보편적 독서양태가 대개 내 경우와 비슷하지 않을까 싶어서 꺼내는 말이다. 무엇인가 머릿속에 든 것은 잔뜩 있다 싶은데, 막상 꺼내려고 하면 딱히 집히는 게 없는 경우……

만일 조선시대를 살아가는 한 선비를 붙잡고 그런 질문을 던지면?

옛날에는 책을 소리내어 읽었다. 『천자문』부터 『동몽선습』을 거쳐 『사서삼경』에 이르기까지 늘 그렇게 배웠기 때문이다. 읽다보면 저절로 외우게 되고, 그러다보면 저절로 또 뜻을 깨치게 된다. 그러니까 "문리가 트인다"는 말은 돈오(頓悟)와 점수(漸修)가 절묘하게 배합된 당대 교육의 특산물이 아닐 수 없다. 우리들이 학창 시절에 하듯이 연습장에 영어 단어를 '디립다' 써가면서 외우는 방식과는 한참 달랐을 것이다.

읽고 또 읽는다. 책장이 닳으면 새 종이로 배접하고 새 끈으로 묶는다. 그리고 다시 읽는다. 읽되, 소리내어 읽는다. 책 읽는 그 소리가 창호지 문을 뚫고 나가 툇마루를 훌쩍 건너뛰고 마당을 가로질러 마침내 돌담을 타고 넘는다. 그 돌담 너머 이웃집 안채에서 그 소리를 기다리는 이가 있다. 따사한 봄볕 아래 한창 물오른 버드나무처럼 살랑 불어오는 봄바람에도 가슴이 벌렁벌렁 뛰는 나이의 고운 처자다. 그녀의 가슴은 매일 이맘때쯤 들려오기 시작하는 청년 선비의 목소리에 차라리 멍이 들었다. 어느 정도 자란 뒤부터는 제대로 마주친 적조차 없지만 담장을 타고 넘어오는 헌걸찬 목소리는 당당한 체구에 준수한 얼굴의 한 선비를 충분히 떠올리게 한다. 그리고 그 무렵, '아랫것' 하나는 쓸 것도 없는 마당에서 괜한 비질을 하면서 웅얼웅얼 선비의 목소리를 따라 읊는다. 비록 "하늘천 따지"에 "가마솥에 누룽지" 제 목소리에 제가 웃음을 터뜨릴지언정.

어쨌든 소리내어 책을 읽던 시대는 지났다.

바쁘기 때문이다. 읽어야 할 책은 많은데 일일이 소리내어 읽고 또 고개를 끄덕여가며 책장을 넘기고 앉아 있을 여유 같은 것은 없다. 발췌독이라도 고소원(固所願)이다.

예전에는 '오거서(五車書)'가 다독의 상징이었다. 다섯 수레 그득한 정도의 책을 읽었다면 더불어 경세를 논할 만한 위인이려니 대접을 받았다는 뜻이다. 다섯 수레 정도가 권수로 치면 얼마나 될지 정확히 헤아리기는 어렵지만, 중학교에 다니는 우리 아이가 어렸을 때부터 읽은 온갖 종류의 책들을 다 그러모으면 아마 그 정도는 차고도 넘칠 것이다.

요즘 우리는 그야말로 정보의 시대를 살고 있다. 모든 게 다 정보가 되고 있으니, 하다못해 면접을 앞둔 취업 준비생은 웃는 법까지 다시 배워야 한다. 다행히 어떤 정보든지 찾을 방도가 있다. 인터넷을 뒤지면 그야말로 없는 게 없다. 중국 광주의 시장에 가면 네 발 달린 것 중에서는 책상만, 날아다니는 것 중에서는 비행기만 빼고는 전부 다 음식으로 만들어져 나온다는 정보까지. 요즘에는 숙제 사이트까지 있어서 숟가락 놓기 무섭게 학원 가기도 바쁜 아이들이 제법 도움을 받는 모양이다.

문제는 양이 아니라 질이다.

옛날에는 책 한 권을 다 떼면 책씻이를 했다. 아이를 맡긴 부모가 선생에 대한 보답으로, 말하자면 한턱을 내는 것이었다. 책씻이 때 대접하는 음식으로는 국수·경단·송편 따위가 있는데, 특히 팥이나 콩, 깨 따위의 소를 넣는 송편은 학동의 문리가 그렇게 뚫리라는 뜻에서 빠뜨리지 않았다고 한다. 그런데 요즘은 그런 일을 찾아보기 힘들다. 사실 책 한 권 읽었다고 아이나 학원 선생에게 대접을 해주다보면 집안 들보가 무너질 것이다.

솔직히 나도 예전으로 치면 어떤 선비 못지않게 많은 책을 읽었노라 할 수 있다. 그러나 그런 양적 비교는 아무런 의미가 없다. 옛 선비가 비록 한 권의 책만 일 년 내 읽고 또 읽어도 앉아서 천 리를 볼 수 있었다면, 나는 쉰 권 백 권의 책을 읽고 게다가 인터넷까지 돌아다니며 무수한 정보를 '사냥' 했어도 한 뼘 앞의 일조차 알지 못한다.

그러니 〈!느낌표〉를 진행하는 개그맨들이 마이크를 들이대면 당황할 수밖에!

시계 바늘을 돌릴 수는 없다. 책은 어쨌든 많이 읽을 수밖에 없고, 안 읽는 것보다는 읽는 게 좋을 것이다. 게다가 답답한 아파트 골방에서 소리내어 책을 읽어봐야 대개 김만 빠질 것이다. 그렇더라도 가끔은, 봄비가 촉촉히 내리거나 낮잠 한잠 잘 자고 일어난 어느 휴일 오후 같은 때, 좋은 시집 한 권을 골라 소리내어 읽어보는 것은 어떨지…… 그러노라면 어느 순간 문득 맑은 목소리로 소리내어 책을 읽던 옛사람들의 마음이 물감처럼 번져올지도 모른다. 그 마음은 찾아야 할 것이 있으면 앞뒤 재지 않고 검색창에 일단 주제어부터 써넣고 보는 경박함하고는 크게 다를 것이다.

멋을 부려 마무리를 하고 싶다.

언젠가도 말했지만, 책은 늘 책 이상이다.

(2002년)

*사족: 젊은 한문학자 정민 교수가 『책 읽는 소리』라는 제목으로 책을 펴냈다. 난 아직 사지도 읽지도 못했지만, 그의 다른 책 『한시 미학 산책』을 읽어본 경험만으로도 여러분에게 적극 권한다.

제2부

내 마음의 불온서적

어느 날 벗의 집에서 눈이 번쩍 뜨이는 책 한 권을 발견했다. 김지하의 『황토』. 아아, 빨간 표지가 선명한 그 시집을 꺼내들었을 때의 그 형용할 수 없는 감동이라니! 온몸이 떨리는 흥분 속에서 그의 시를 읽었다. 눈물이 나지 않는다면 유신의 폭정 속에 사는 젊은이가 아니었다. 그 책을 빌려달라고 부탁했다. 그리고 그날 밤, 어떻게 집에 돌아왔는지 몰랐다. 밤새도록 그 시집을 필사했다. 첫 장부터 마지막 판권란까지…… 김지하의 시집은 내 최초의 반란이었다. 한번 눈을 뜨고 나니 불온서적은 수두룩했다.

_그리운 불온서적

엊그제 내 장편소설 『국경』의 주인공 할아버지가 구순을 맞이했다. 구순이라니, 나로선 부조 봉투에 뭐라고 써야 하는지조차 생소한 경험이었다. 그만큼 파란만장한 한뉘(한평생)를 살아온 당신은 지난번 미수(米壽) 때 소책자 형태로 자서전을 묶어 냈는데, 이번에도 책 한 권을 건네주었다. 썩 달갑지만은 않았다. 진작에 그런 말씀이 있어서 가족들의 부담도 있고 한데 크게 보탤 내용이 없다면 책을 다시 펴내는 게 좀 그렇지 않느냐는 뜻을 밝힌 바 있기 때문이었다. 하지만 책을 펴보던 나는 쇠몽둥이로 뒤통수를 얻어맞은 듯한 충격을 받지 않을 수 없었다. 지난번 자서전에 공백의 시기로 남겨두었던 한국전쟁 직후 몇 년간의 궤적을 빠짐없이 기록한 게 아닌가.

· 1953년 로동당에 소환돼 '남파훈련' 받음.

· 1956년 해주항→군산항→서울에 잠입.
　　　부산 해운대→국제시장서 은거생활.
　　　서울시경에 검거돼 '남일사'에 수용됨.

그 동안 내가 반대했던 진짜 이유가 바로 그 시절의 기록을 공개하지 않는다면 새로이 책을 내는 게 무의미하다고 생각했기 때문이었다. 나는 가족들의 얼굴을 다시 찾아보게 되었다. 누구 하나 숨기고 가릴 게 없다는 표정이었다. 아니, 그래서 오히려 더 환한 얼굴들이 된 게 아닐까 싶기도 했다. 사실 자식들조차 당신의 그런 이력을 알게 된 건 근자의 일이었다. 이제 비로소 그들은 역사 앞에 한 점 남김없이 제 자신을 드러내는 아버지의 '혁명'에 완전한 조력자로서 다시 서게 된 것이었다.

한마디로 당신의 삶은 지극히 '불온'했다.

일제 식민지 당국이 늘 경계의 눈초리를 거두지 않았던 '불령선인'이었다는 사실이야 논외로 치더라도, 해방 이후 우리 국가체제에 불온했고, 남북에 흩어져 있는 가족에게 불온했고, 남파 공작원으로 내려와 아무 일도 못 하고 체포되어 금방 전향했으니 따지고 보면 북쪽 체제에도 불온한 셈이었다. 그러나 당신은 스스로 '커밍아웃'을 선택함으로써 그런 불온성을 일거에 뛰어넘을 수 있었다. 가령 그는 자신이 전향 후 죽산 조봉암 제거작전에 어쩔 수 없이 가담했다는 사실까지 공개했다. 또한 최근 정신문화연구원 '현대사 연구 과제'에도 기꺼이 참가, 그런 '자랑스럽지 못한' 경력까지 포함해 자신의 일생을 낱낱이 밝혔다. 따라서 이

번에 펴낸 책은 그저 한 노인의 파란만장한 삶의 궤적을 담은 한 권의 자서전 이상의 의미로서 우리 곁에 영원히 남을 수 있게 된 것이다.

그날 나는 모처럼 한 권의 불온서적이 주는 감동에 오래도록 젖을 수 있었다.

내가 접한 불온서적들 가운데 가장 인상 깊은 것은 단연 『황토』였다.

지금은 개발이 되어 온데간데없어졌지만 당시만 해도 세종문화회관 뒤편에는 멋진 한옥들이 꽤 많이 남아 있었다. 어느 날 거기 사는 벗의 집에서 나는 눈이 번쩍 뜨이는 책 한 권을 발견했다. 『황토』, 그것도 김지하 시인이 벗의 부친에게 직접 서명까지 해준 시집이었다. 아아, 빨간 표지가 선명한 그 시집을 꺼내들었을 때의 그 형용할 수 없는 감동이라니! 그때까지만 해도 나는 김지하의 시 한 편을 제대로 읽은 적이 없을 정도였다. 김지하는 말 그대로 지하의 인물, 햇빛 속에서 공공연히 거론되어서는 안 되는 금기 그 자체였기 때문이다. 나는 얼른 「황톳길」을 읽었다.

> 황톳길에 선연한
> 핏자욱 핏자욱 따라
> 나는 간다 애비야
> 네가 죽었고
> 지금은 검고 해만 타는 곳

입 안에서만 나지막이 읽는데도 목구멍이 콱콱 막혔다. 뻘건 황톳길이 눈앞에 아른거렸다. 그 길 아닌 길을 한 사내가 걸어간다. 철삿줄에 꽁꽁 묶인 채. 그 길이 어딘가. 애비가 죽은 곳이다. "부춧머리 갯가에 숭어가 뛸 때 / 가마니 속에서 네가 죽은 곳"이다. 아아, 태양은 왜 저리 죽자고 뜨겁게 이글거리는가. 피울음을 삼키며 그 길을 간다. "작은 꼬막마저 아사하는 / 길고 잔인한 여름"날에 사내는, 나는······

온몸이 떨리는 흥분 속에서 다시 한 편의 시를 찾아 읽었다.

잘 있거라 잘 있거라
은빛 반짝이는 낮은 구릉을 따라
움직이는 숲 그늘 춤추는 꽃들을 따라
멀어져가는 도시여
피투성이 내 청춘을 묻고 온 도시
잘 있거라

—「결별」중에서

눈물이 나지 않는다면 유신의 폭정 속에 사는 젊은이가 아니었다. 그 책을 빌려달라고 부탁했다. 벗은 나를 생각해서 거절했지만, 나는 기어코 단 하루만이라는 말미를 얻어 그 책을 손에 넣을 수 있었다. 그리고 그날 밤, 어떻게 집에 돌아왔는지 몰랐다. 밤새도록 그 시집을 필사했다. 첫 장부터 마지막 판권란까지…… 촉이 무딘 만년필에서는 시도 때도 없이 잉크가 줄줄 새어나오는데, 떨리는 가슴을 애써 누르며 나는 마침내 문학평론가 염무웅의 발문까지 다 베껴 쓸 수 있었다. 오오, 그의 말대로 한 마리 검은 수말처럼 우리 곁에 나타난 시인 김지하! 그는, 그리고 그의 시집 『황토』는 내 최초의 반란이었다.

한번 눈을 뜨고 나니 불온서적은 수두룩했다.

1971년 노벨문학상 수상자 파블로 네루다도 기억 속에 남아 있다. 박봉우 시인이 번역한, 성공문화사 발행의 그 빨간 표지 시집은 지금 색이 바랠 대로 바랜 채 내 책꽂이 한켠에 간신히 숨어 있다. 엉성한 하드보드 표지를 넘기면 거기, 속지에 내가 써놓은 글귀가 보인다.

Pablo Neruda(1904~)
김수영이 좋아하는 자는 내가 좋아하는 자가 될 수밖에 없다.

아마 김수영을 통해서 네루다를 읽은 모양이었다. 그 시집의 앞뒤 해설은 각기 한 군데씩 시커먼 잉크로 지워져 있는 게 특징이었다. 검열 때문이었을 텐데, 무식해도 너무 무식했다. 지금 보면 소장 가치를 높여줘서 오히려 고마운 일이지만, 천하의 유신정권은 역사에 남을 '농담'을 참으로 많이 했다.

그런 우스개 속에 또 하나 보탤 책이 있다. 김동길의 『대통령의 웃음』, 미국 대통령 링컨에 얽힌 재미있는 일화를 소개한 책인데, 그게 또

판금서적 목록에 들어 있다는 소문이 파다했다. 아마 그걸 판금시킨 검열 담당자는 자신이 태양처럼 떠받드는 대통령을 '정직하다'는 링컨과 비교하는 게 몹시 불쾌했던지 아니면 대통령이라는 엄숙한 자리를 농담거리로 다룬다는 자체가 미연의 반역 행위라고 생각했을지 모르겠다. 농담도 이 정도면 그야말로 '아주 오래된 농담'이 아니겠는가.

1979년에 대학 교지 편집부에 있었다. 그 와중에 잠시 감옥에 들어갔다 나왔는데, 이듬해 겨울, 아직 '서울의 봄'도 시작되지 않았을 때, 동료들이 마무리한 교지 최종 교정쇄를 들고 서울시청 검열부를 찾아갔다. 계엄하였기 때문에 온갖 언론사 기자들이 들락거리며 검열을 받고 있었다. 여기저기서 크고 작은 말다툼 소리가 끊이지 않았다. 넣어라, 빼라. 못 빼겠다, 못 빼겠냐. 좋다, 해보자. 우리 교지도 예외는 아니어서 눈 깜짝할 사이에 반 권 분량이 빨간 사인펜 아래 뭉텅 잘려나갔다. 어이가 없었다. 하지만 아무리 우겨도 안 되는 건 안 되는 것. 우리는 허무한 마음으로 시청사를 나올 수밖에 없었다.

물론 우리는 반 권짜리 책을 내지는 않았다. 어느 부분은 말을 바꿔 새로 쓰다시피 원고를 마무리했고, 어느 부분은 못 들은 척 그대로 인쇄에 넘기기로 했다. 다시 최종 검열을 받으러 가는 날이 다가왔다. 두근거리는 가슴으로 가제본을 내밀었다. 동료들은 시끄럽게 떠들면서 검열관의 '독서'를 방해했다. 그러면서도 우리의 시선은 전투경찰대가 대학 교문을 막아선 박수동 화백의 삽화 원고에 집중되었다. 우리는 그 페이지들을 슬쩍 풀로 붙여놓았던 것이다. 검열관은 몇 번이고 조용히 하라고 하다가 몇 군데 빨간 표시를 한 뒤 귀찮다는 듯 가제본 교지를 돌려주었다. 야호! 환한 햇빛 속으로 나온 순간, 우리는 너나할것없이 쾌재를 불렀다. 그렇게 해서 우리는 마침내 수렁에서 '내딸'을 건져낼 수 있었던 것이었다.

(2001년)

_80년 서울의 봄, 그리고 '시뻘건' 무크

| 『실천문학』

19 80년, 그해 봄은 유난히 어수선하고 뒤숭숭했다. 정국의 향방은 오 리를 넘어 십 리 안개 속에 있었고, 온갖 억측과 소문이 발 없이도 한반도 남쪽 땅을 뒤덮었다. 박정희 대통령을 살해한 김재규 전 중앙정보부장을 영웅으로 치켜세우는 구명 작업이 은밀히 벌어지는가 하면, 벌써부터 진원을 알 수 없는 쿠데타 설이 생각 있는 이들의 발걸음을 멈추게 했다.

그래도 봄은 봄이었다. 특히 대학가의 봄은 마치 이때가 아니면 영영 봄이 없다는 식의 불안감을 부추기며 서둘러, 황급히, 그리고 노골적으로 퍼져나갔다. 감옥에 갔던 동료들이 무더기로 돌아왔다. 지하서클을 대하는 교수들의, 특히 학생지도를 담당하던 교수들의 태도가 비굴하리만치 달라졌다. 그 와중에도 영어회화 테이프며 세계사상전집을 파는 외판원들이 바지런히 돌아다녔지만, 세상이 어느 때인지 짐작할 필요가 없는 멍청한 학생들을 제외하고는 관심조차 두지 않았다. 난생 처음 보는 대자보가 교정 곳곳에 나붙었다. 계엄사의 검열을 겨우 통과한 학교 신문과 교지가 학생들의 손에 들어갔다. 미팅을 하긴 해야 할 텐데, 걱정하는 신입생들은 그런 대학언론의 행간이 무엇을 말하는지, 아직 깨달을 만한 경륜(?)이 부족했다.

그때, 소문으로만 듣던 김지하의 시 「타는 목마름」이 대자보로 처음 나붙었을 무렵, 목련은 아직 꽃봉오리조차 영글지 않았지만 햇살만큼은 별스럽다 싶을 정도로 따스하게 내리쬐던 어느 날, 나는 더불어 문학을 공부하던 벗으로부터 책 한 권을 소개받았다. 어디서 샀을까. 아니, 내 손으로 내 돈 주고 샀을까. 지금은 모든 게 불분명한 기억 저편의 일이지만, 한 가지만큼은 분명하다. 아니, 너무 분명해서 오히려 비현실적일 정도로 생생하다.

시뻘게!

표지부터가 초경의 흔적 같아 나를 흥분시켰다.

실, 천, 문, 학.

아아, '실천문학'이라니! 아아, 감히 '실천문학'이라니!

부제마저 감히 '역사에 던지는 목소리'였는데, 한술 더 떠, 제목 바로 밑에는 작지만 선명한 활자체로 감히 '민중의 최전선에서 새 시대 문학운동을 실천하는 부정기간행물(MOOK)'이라고 적어놓고 있었다. 모든 게 낯설기만 했다. 아니, 낯선 정도를 넘어서서, 마치 만져서는 안 되는 미끈둥한 남의 살을 만졌을 때와 같은 느낌이었다. 실천, 역사, 민중, 최전선, 문학운동, 부정기간행물……

도대체 이게 무엇일까.

아무리 독재자가 사라졌다지만, 이래도 되는 것일까, 감히!

그 전해 가을, 짧은 기간이었지만 내 푸르디푸른 영혼이 감금되어 있던 구치소 옥상이 저절로 떠올랐다. 거기, 시리도록 눈부신 가을 하늘 아래 병든 닭처럼 쪼그리고 앉아 오돌오돌 떨고 있던 내 젊은 영혼. 세상은 끝났다. 나는 밤마다 무덤 같은 감방 안에서 주먹이 비정상적으로 크게 태어난 주먹장군 똘이가 되는 꿈을 꾸었다. 주먹이 점점 자라나 쌀가마니처럼 커졌을 때, 나는 마침내 단단한 감방 벽을 한 주먹에 깨부술 수 있었다. 아아, 하필이면 왜 꼭 그 순간에 기상나팔이 울었던 것일까.

청춘은 실패투성이였다. 장발은 잘리고, 청바지는 찢어졌다.

혁명은 불가능했다.

시계 바늘을 돌릴 수만 있다면, 하느님, 맹세하건대, 두 번 다시 불온한 생을 살지 않겠나이다. 나는 아침 점호를 받기 위해 차가운 마룻바닥에 무릎을 꿇고 앉으면서, 남루한, 그렇지만 더없이 절실했던 기도를 올렸을 것이다.

『실천문학』은 그런 기억을 불러일으키며 내 눈앞에 나타났다. 나는 떨리는 마음을 애써 가다듬으며 첫 장을 펼쳤다.

적이여 가장 무서운 적인 동지여 그리고 시인이여
눈떠라 온갖 거짓 소용돌이치는 치맛자락 찢어버려라

한밤중 굴레방다리 괴괴한 백지 위에

첫 줄 쓰자마자 죽음도 없이 죽어버리는 시

썩은 멧새 알이여 너 태어나 아지랑이 하늘 영영 날으지 못하리

이 세상 참다운 한 찰나도 붙들지 못하는 시

또한 저 혼자 싸구려로 잠들지 못해

어디선가 다친 승냥이 견디는 쓰라린 밤을

네 손 내 손 손쉽게 술로 때우는 도취의 시

아서라 차라리 더러운 계집 더럽고 비겁한 사내이거라

도둑놈의 시 거지발싸개의 시

아리랑 쓰리랑 고개 사기꾼의 시

진정코 요런 놈의 아흐 꼭두각시의 시 찢어버려라

밤에는 무덤놈들이 아가리 연다 미친 하늘의 별무더기 쏟아져라

보라 밤새도록 우짖는 칼울타리 바람 소리 목을 친다

밤에는 땅이 모든 고요 때려눕히며 소리친다

귀머거리여 들어라 머나먼 소리부터 찾아다니며 들어라

허공이여 시인이여 이제까지의 시 찢어버려라

심장이 멎어버리는 것 같았다. 눈앞이 캄캄해졌다. 눈물이 나왔을까.
무단(舞丹)이라고 했다. 누구일까, 이 시인은?
벽시(壁詩)라고 했다. 무엇일까, 도대체 이런 시는?
나는 보지 않아도 알 것 같았다. 그런 시와 그런 시를 쓴 시인, 그리

고 그런 시를 실은 잡지의 운명을…… 아니나 다를까, 잡지는 맨 처음의 그 시부터 시작해서 수두룩하게 검열의 흔적을 담고 있었다. 본문 속에 난데없이 끼어드는 상자형 광고가 그 신생 문학지의 운명을 예고하고 있었다. 훗날 개정판에는 "3행 삭제/ 2행 삭제/ 5행 삭제"라고 대체된 그 흔적은 그 자체가 명백한 '발언'이었다.

문학이 그토록 엄중한 것이었다.

나는 밤새워 읽고 또 읽으며 어떤 마음의 결심을 굳혔을 것이다.

뒤늦게 나는 『실천문학』의 정체에 대해서 많은 것을 알게 되었다. 그 잡지는 1974년 출범한, 민주화를 위해 싸우는 문인들의 단체 '자유실천문인협의회'의 기관지였다. 고은, 김병걸, 김규동, 민영, 신경림, 염무웅, 백낙청, 구중서, 남정현, 이문구, 조태일, 박태순, 황석영, 이시영, 송기원 등이 그 단체의 주요 멤버였고, 당시 유일한 진보적인 문학지로서 외로운 싸움을 벌이던 계간 『창작과비평』과 별도로 문학운동을 본격적으로 펼쳐나갈 진지의 필요성이 대두되면서 창간되었고, 무단은 그 단체의 대표 간사 고은의 필명이었고, 고은은 한때 제주에서 일 년에 천 병의 소주를 폭음한 『해변의 운문집』의 그 성(聖) 고은이었고, 무크(MOOK)라는 낯선 체제는 정기간행물이 필연적으로 지니게 되는 여러 가지 제약을 과감히 부숴버리자는 의도로 정기간행물(Magazine)과 단행본(Book)의 머리글자를 짜맞추어 만든 신조어였고, 그런 만큼 비상한 시국에서는 유격전의 선봉에서 탄력 있게 싸워나갈 수 있겠다는, 어찌 보면 무모하리만치 용감한 도전 정신의 산물이라는 사실 등등.

어떤 인연인지, 그 이듬해 가을, 나는 바로 그 『실천문학』을 펴내는, 이제 갓 출판사 등록을 마친 실천문학사에 편집부원 없는 편집장으로 입사했다. 얼마 후 사무실을 옮겼는데, 그 자리가 또 기막히게도 서대문 형무소가 눈 아래 빤히 내려다보이는 현저동이었다.

"김남일씨, 자꾸 저기만 내려다보지 마. 이제 그만 싸워. 우리도 먹고살아야지."

이따금, 불어터진 자장면으로 점심을 때운 뒤 그 젓가락으로 고물 선풍기의 날개를 돌려 겨우 더운 바람을 만들어냈을 때라든지 추적추적 비라도 뿌리는 날 오후 같은 때, 해직기자 출신 사장이 쓸쓸한 미소를 지으며, 문득 빠져든 회상 속에서 나를 건져내곤 했다.

서빙고 보안사 요원들이 나를 잡으러 온 곳도 그 실천문학사였다.

그렇게 해서 『실천문학』은 여리디여린 문학청년이었던 내 운명까지도 송두리째 바꾸어놓게 되는데…… 한 권의 불온서적이 생을 좌우한다. 독자들이여, 어쩐지 불온한 기운이 감도는 책은 부디 신중하게 펼쳐보시기를! 그런데, 요즘도 그런 책이 있기는 있는지.

(2004년)

_불온한 연애시? | 네루다의 『네루다 시집』

불온하다는 게 무엇일까. 문제를 하나 풀어보자.

[문] 다음 중 불온하지 않은 것은?

1. 여인의 몸뚱어리, 흰 구릉, 흰 허벅지, 그대는 대지와 같은 온몸을 내맡긴다. 나는 억센 농부의 몸으로 그대를 파헤쳐 대지의 밑바닥에서 애기를 튀어나오게 만든다.

2. 사실, 나는 인간인 것에 지친다. 양복 가게에도 가고 영화관에도 가지만. 사실, 펠트제의 백조처럼 불투명해지고 느른해져 나는 원시와 진흙의 물길을 따라 흘러간다.

3. 나는 어디에 도착하였나, 나는 그들에게 물어본다. 이 생명 없는 도시에서 나는 누구인가. 나는, 지난날 나를 사랑해준 미치광이 아가씨의 거리도 지붕도 발견할 수 없다.

4. 나는 쓸 수가 있다, 오늘밤엔 가장 슬픈 시를. 나는 어느 여인을 사랑했고 그 여인도 몇 번인가 나를 사랑했었다.

정답은 '없다'이다. 왜냐하면 모든 답의 출처가 불온하기 때문이다. 그리고 그 불온한 출처는 한 권의 시집 『네루다 시집』(성공문화사, 1972)이다.

네루다, 파블로 네루다가 불온하다니! 하지만 사실이다. 그렇다면 그에게 1971년도 노벨문학상을 준 스웨덴의 한림원도 불온하다는 말인가. 그렇다. 한림원도 불온하고, 네루다의 시를 즐겨 읽은 수천만 명의 영장류도 불온하다!

내가 갖고 있는 책 뒤에는 이렇게 적혀 있다.
—1977. 10. 17. 유신 오주년을 슬퍼하며.

기억을 더듬어보지만, 딱히 떠오르는 그림은 없다. 어디서 샀는지도 기억에 없다. 그렇지만 기록은 정확하다. 겨우 대학 2년생이던 나는 벌써부터 절망하고 있었다. 그때는 아직 사르트르조차 제대로 읽어보지 못했을 것이다. 그런데도 "인간은 자유로 선고받았다"는 말을 밀교의 진언(眞言)처럼 외고 다녔다. 그래야 했다. 자유 아니면 아무것도 의미가 없다고 생각했다. 그래서 나는 무조건 자유였다. 교련복 주머니에 40원짜리 새마을 담배를 넣고 다니고, 흰 고무신짝을 끌고 학교에 가고, 그 나라 말로 "밥 먹었니"도 말할 줄 모르는 주제에 거창하게도 '원어 연극'을 기획하고, 수업을 빼먹은 채 잔디밭에 누워 둥실둥실 떠가는 구름만 바라보고, 턱없는 주량에도 턱없이 술을 마시고 집으로 돌아오는 길 아마 한 일곱 번은 토했을 텐데 그러고도 악착같이 집을 찾아가던 젊음…… 나는 그 젊음의 자유를 어느 누구도 건드리는 걸 참지 못했던 것 같다.

유신(維新), 고 이문구 선생의 어법을 빌리면 '박씨유신(朴氏維新)'이 싫었다. 박씨유신은 어디 놀러 가려고 해도 가위를 든 경찰이 먼저 떠오르는 부자유였다. 1학년 여름방학, 과 친구들과 설악산에 갔다. 속초로 가는 도중 우리는 해안도로를 차단하고 버스에 오르는 제복들을 만났다. 맨 뒷자리에 앉아 있던 나는 잽싸게 배낭을 머리에 얹고 몸을 낮췄다. 미련한 친구들은 멀거니 앉아 있다가 춘사(椿事)를 당했다. 산에 있는 동안 그들은 찌는 듯한 더위에도 모자를 푹 뒤집어쓰고 다녀야 했다. 세계 어느 나라에서 제 머리를 제 마음대로 하지 못한단 말인가. 그렇지만 백주대낮에 벌어지는 해괴한 일은 한둘이 아니었다. 모든 게 박씨유신 때문이었다.

밤마다 나는 꿈을 꾸었다. 그 꿈은 영국의 축구선수 조지 베트스처럼 긴 머리를 바람에 흩날리며 푸른 대지를 마음껏 질주하는 것이었고, 김추자가 〈거짓말이야〉를 부를 때 하는 손짓이 북한 괴뢰집단과 은밀히 통신화합하는 거라는 유비통신을 더이상 듣지 않았으면 하는 것이기도 했다.

문학은 기껏 그런 것을 꿈이라고 꾸어야 하는 유치한 나라의 쩨쩨한 청년이던 내게 박씨유신의 그 억센 대기압으로부터 잠시라도 벗어날 수 있게 해주는 유일한 환기통이었다. 그러나 거기에도 무수한 복자(覆字)가 존재했다. 나는 어느새 책을 읽되 활자보다는 행간을 주목하는 독서에 길들여져가고 있었다.

파블로 네루다의 시집도 그런 독서에 길들여진 내가 찾아낸 '지뢰'였다. 나는 김수영을 읽다가 그가 파블로 네루다라는 낯선 이름의 시인을 좋아한다는 사실을 발견했고, 그 즉시 그 칠레산 시인을 수배했다. 알고 보니, 그는 1971년도 노벨문학상 수상작가이기도 했다.

나는 앞머리 해설을 읽다가 놀랐다. 검열의 손길은 노벨상 작가라고 피해 가지 않았다. 삭제된 부분은 숫제 검정 먹으로 인쇄되어 있었다. 책을 들어 형광등 불빛에 비춰보았다. 그러나 아무리 노력해도 그 부분을 읽어낼 재주는 없었다. 네루다에 대한 호기심은 그렇게 해서 오히려 커져갔다.

나는 열심히 시집을 읽었다. 그렇지만 아무리 읽어도 내가 은근히 기대하는, 가령 '자유'라든지 '독재'라든지 '혁명'이라든지 하는 시어는 좀처럼 등장하지 않았다. 대신 지면을 도배하는 것은 예상 외로 거의 다 말랑말랑하고 달콤한 시어들뿐이었다. '사랑' '연인' '여인' '꿈' 따위.

나는 혹시 독법이 잘못되었을지 모른다는 생각으로 네루다 식 은유를 집중 공략하기 시작했다. '사랑'이 독재 정권에 시달리는 조국 칠레에 대한 사랑이 아닐까 하는 식으로. 그렇지만 두 눈 부릅뜨고 몇 번을 읽어봐도 마찬가지였다. 내가 구입한 『네루다 시집』은 앞의 해설과 뒷

부분(229쪽)에 각기 한 번씩 나오는 시커먼 먹칠을 제외하곤 도무지 불온한 구석이 없었던 것이다.

지금에 와서는 이런 추론이 가능하다.

당시 아마 그 책은 이른바 '금서류(禁書類)'가 아니었을지 모른다. 그렇지만 네루다의 정치적 경력이 최소한 작용해서 그 정도의 '가벼운' 먹칠 판정(그것도 인쇄 사고? 아닐 게다)을 받았을 가능성은 있다. 문제는, 어떤 계기로든 네루다의 불온성에 호기심을 지닌 유신체제하의 불온한 문학청년이 그 시집을 불온하다고, 아니, 제발 불온해주었으면 하고 바란 나머지, 마치 땅을 파서 그 구덩이에 대고 "임금님 귀는 당나귀 귀"라고 외친 어느 이발사처럼 "이건 불온해, 이건 불온해" 하고 제 가슴에 대고 외친 것일지 모른다는 사실 자체에 있다.

쉽게 말하자.

불온한 시대는 불온한 인간을 양산한다!

영화 〈일 포스티노〉에서 망명중 섬에 온 네루다에게 우편배달부가 이렇게 묻는다.

"도대체 시가 뭐죠?"

"시? 그건 은유지."

은유! 그렇다. 파블로 네루다는 은유의 시인이었다. 그는 그 은유로 가공할 위력의 피노체트 정권에 맞섰다. 그가 쓴 모든 연애시, 모든 사랑시 역시 처음에는 그저 연인에게 바치는 세레나데였을지 모르지만,

세월이 지나면서, 야만이 감히 이성을 억압하자, 그 즉시 독재 정권의 심장을 겨누는 칼의 노래로 바뀌어 새삼 애송되었을 것이다.

이것이 분명 좋은 독법은 아닐 것이다. 그리고 제발 그런 독법이 유행하는 시절은 두 번 다시 오지 말아야 한다. 낡을 대로 낡아, 이제는 곽 딱지 하드커버를 덮던 겉표지마저 너덜너덜 쉽게 찢겨나가는 『네루다 시집』을 다시 읽으면서, 불온했던, 아니 어떻게든 불온하고자 기를 썼던 내 청춘의 한때를 추모한다.

잘 가라, 불온했던 청춘이여!

잘 가라, 불온했던 네루다여!

(2004년)

*부기 성공문화사판 『네루다 시집』의 편역자는 『휴전선』의 시인 박봉우. 하지만 그도 밝히고 있듯이 일본어 판본에서 옮긴 삼중역본이라, 차마 권하지 못한다.

_들어라 양키들아, 제발!

| 찰스 라이트 밀스의 『들어라 양키들아』

양키 물건을 파는 가게가 있었다. 그 가게 주인아줌마는 달라도 뭔가 달랐다. 시장통 딴 아줌마들은 한결같이 옆으로 퍼진 체형이었으나, 그 아줌마만큼은 시쳇말로 '몸짱'에 가까웠다. 얼굴도 반지르르 마치 '미깡'처럼 윤이 났는데, 아마 양키 화장품 덕분이었을 터. 하지만 그 아줌마 본을 따라 애써 양키 화장품을 사 바른 우리 엄마 우리 이모 우리 숙모들은 왜 결코 그런 '때깔'이 나지 않았는지…… 양키 물건은 '동동구리무'와 달리 사람을 알아보는 법이라고 생각했다. 그 아줌마는 말도 참 교양 있게 했다. 우리 엄마들은 친구가 오면 "옛다, 먹고들 놀아라" 하며 깎지도 않은 사과를 휙 굴려주었는데, 그러면 우리는 쫓아내지 않은 것만도 감지덕지 처지인데 이게 웬 떡, 하며 껍질째 으적으적 맛있게 씹어먹곤 했다. 하지만 그 아줌마는 처음부터 끝까지 교양이 있었다.

"어머, 너희들 왔니?"

그 목소리. 야들야들, 우리와 같이 마른버짐에 기계충에 국수 같은 때에 이에 서캐에 누런 콧물에, 내가 내 얼굴을 봐도 한심한 그런 놈들을 마치 귀한 손님이라도 되는 양 맞이해주었던 것이다. 그렇게 해서 먹게 된 최초의 양식, 그게 오므라이스였나? 하지만 불행하게도 삼백육십오 일 신김치와 된장국에 길들여진 목구멍은 그 맛나게 생긴 오므라이스를 받아들이지 못했고, 우리는 아까운 마음에 억지로 챙겨먹다가 그만 지극히 교양 없는 토악질을 해대고 말았을 터.

그런 것들이 양키에 대한 우리의 의식 수준이었다. 낯섦, 미끌미끌함, 다름, 교양, 그리고 오므라이스!

훗날 교과서에서는 그런 인상들을 통틀어 '민주주의'라고 말했다. 오오, 민주주의! 오오, 양키!

양키는 존 웨인을 통해 야만적인 인디언들을 가차 없이 처단했고, 양키는 마른버짐과 기계충과 때와 이와 서캐와 콧물과 같은 우리의 야만적인 일상과는 전혀 달리 아무 데서나 오줌을 누지 않고 아무 데서나 코를 풀지 않고 두 사람만 모여도 줄을 서고…… 그랬다. 우리는 처음부터 끝까지, 갓난아이부터 할아버지까지 무식하고 교양 없고 더러웠지만, 양키는 ABC초콜릿처럼 부드럽고 달콤한가 하면, 그와 동시에 아무리 짓찧어도 부러지지 않는 연필심처럼 튼튼하기도 했다.

아아, 우리가 쓰는 타이어 표 지우개는 조금만 힘을 주면 공책 종이를 여지없이 찢어놓고 마는데, 양키시장 표 지우개는 어찌 그토록 말랑말랑 흔적도 남기지 않고 잘 지우는지!

양키에 대한 그런 의식은 다 커서, 우리의 한심한 정치체제에 대해 울화통이 터져 데모를 한답시고 유인물을 만들어 뿌렸다가 잡혀들어간 감방 안까지 따라들어왔다.

1979년 10월 어느 날.

나는 양지바른 담벼락에 붙어선 채 동료 긴조(대통령 긴급조치 제9호)범들과 격렬한 토론을 벌이고 있었다. 나는 도무지 이해할 수 없었다. 그들은 한결같이 테헤란 주재 미국 대사관을 점거한 이란 학생들의 행동을 적극 지지했다. 나는 반대했다. 팔레비의 지독한 독재정치를 반대하는 데에는 당연히 찬성이지만, 미국 대사관의 아무 죄 없는 민간인들을 볼모로 잡는 건 정당하지 못한 일이라고 생각했다.

"목적이 좋아도 그건 나쁜 방법이야."

동료들은 그렇게 말하는 나를 한심하다는 듯 바라보았다. 마치 와서는 안 될 데를 온 놈처럼.

그로부터 불과 한두 해나 시간이 흘렀을까. 그리 오랜 시간은 아니었을 텐데, 나는 어느새 그 시절의 나처럼 말하는 후배를 점잖게 타이르는 선배가 되어 있었다.

"미국이 네 생각처럼 그런 나라일 것 같아? 그 잘난 민주주의의 실체를 똑바로 봐야 해."

나는 저 유명한 반미 교과서 『들어라 양키들아』를 후배에게 권했다.

찰스 라이트 밀스의 『들어라 양키들아』처럼 자극적인 책 제목이 또 있을까. 그러나 그 책에 대한 독후감은 더욱 자극적이었다. 이 글을 쓰기 위해 어렵사리 그 책을 다시 구해 읽기 전까지, 내 머릿속에 남아 있는 독후감은 하바나의 밤거리를 누비는 창녀들과 마약상과 뚜쟁이들이 거의 전부였다. 어찌 보면 책을 잘못 읽었지 싶기도 했지만, 천만에, 다시 책을 읽고 났을 때, 나는 내 독후감이 정확했다는 것을 확인할 수 있었다. 밀스는 그런 하바나의 풍경을 먼저 보여줌으로써 쿠바 혁명의 필연성과 정당성을 끌어내려고 했을 것이다.

즐거운 관광도시 하바나. 과거에 하바나는 추악한 죄악의 고장이었다. 우리들 쿠바인은 일종의 가톨릭 신자이므로, 다른 사람들과 마찬가지로 죄악에 대해서 잘 알고 있다. 그러나 하바나에서는 죄악은 소수자에게 막대한 돈벌이를 시켜주는 짓이었고, 그것은 방금 보이오(bohios, 오막살이)에서 끌려나온 열두 살, 열네 살짜리 소녀들에게는 더러운 매춘행위를 시키는 것이었다. 푸라도에서 또는 '유덕한 거리'라고 불리는 좁은 거리에서 그 소녀 매음부와 펨프(매춘 소개자)들이 당신들을 유혹하고 있었다. 그리고 바티스타와 그 추종자들은 소녀들의 육체를 팔아 기생했다. 독재가 쓰러지기 이 년 전, 하바나에는 270개 이상의 사창굴이 번창하였고, 시간제로 방을 빌려주는 여관과 모텔은 얼마든지 있었다. 메세라스(meseras), 즉 접대부가 우글거리는 바가 칠백 개 이상이었는데, 메세라스는 매음의 첫 단계였다. 바마다 약 열두 명의 메세라스가 있었고 그들은 바에서 하루 2.25달러를 벌고 있었다. 주구와 정부의 앞잡이들은 하루에도 52달러를 거기에서 뜯어냈다.

이런 장면들이야말로 밀스가 이 혁명을 바르게 이해하려면 반드시 먼저 이해해야 한다고 말한 바의 "이 혁명을 육성시킨 역사" 그 자체였다. 노동자 계급이 주도하지도 그렇다고 농민이 주도하지도 않은 쿠바 혁명은 바로 그 하바나의 매음굴에서 시작된 것이었다.
미국인 사회학자 밀스는 지극히 자극적인 방식으로, 따라서 지극히 학자답지 않은 방식으로, 혁명 전 쿠바, 바티스타 독재하의 쿠바가 철저히 미국의 자본가들을 위해 존재한 하나의 거대한 매음굴이었음을 밝혀낸다.

혁명 전이던 1956년에 맨해튼의 중역실에 앉아 있는 사람들은 쿠바의 전기와 전신 시설의 구십 퍼센트 이상을 움직이고 있었고, 소위 '공익시설'이라고 하는 철도의 반 이상을 지배하고 있었다. 설탕 생산의 약 사십 퍼센트도 그들에게서 나왔다.

우리 전 국민이 일 년 동안 꼬박 일해서 버는 돈의 전액은 당신들이 일 년 동안 립스틱을 위해서 쓰는 액수도 못 된다.

양키들아! 빈곤이란 몹쓸 것이다. 너희들이 그걸 모른다면, 말하지만 빈곤이란 것은 비참한 것이다. 빈곤은 아직 채 죽지 않은 죽음의 길이다. 빈곤이란 곧 신을 구두가 없는 것을 뜻하고 맨발로 걸어다니는 어린 애들 뱃속에 있는 살찐 기생충을 말한다.

물론 혁명을 성공시킨 쿠바인들은 이제 더이상 그런 쿠바는 없다는 걸 당당하게 주장한다.

그러나 그러한 시대는 지나갔다. 양키들아, 제발 다음과 같은 사실을 명심하라. 우리는 선을 긋고 그 선 위에 서 있다는 것을. 우리는 법률을 만들었으며, 우리는 이 손에 총을 들고 법률을 끝까지 사수한다는 것을. 우리의 자매들은 이제부터는 양키에게 몸을 팔지 않으리라는 것을.

(2004년)

*부기 최근 뉴스에서는 '관광'이 쿠바의 주요한 생존수단임을 종종 보여준다. 그 관광 속에 늘씬한 쿠바 미인들의 매춘도 포함된다는데, 그것이 바로 쿠바혁명의 최종적 실패를 증명한다고 한때 나와 뜻을 같이했던 한 시인은 말했다. 그의 말이 옳을지도 모르겠다. 하지만 나는 여전히 밀스의 판단을 존중하려 한다. 그때 양키들이 밀스의 말을 좀더 귀 기울여 들었더라면⋯⋯ 아쉽다. 오늘의 쿠바가 병들어 있다면, 그건 여전히 미국 탓인 바 크다. 불온한 나는 감히 이렇게 생각한다. 설마 부시 대통령이 이 글을 읽지는 않으실 테지⋯⋯

_여기, 자랑스러운 조선인 혁명가가 있다!

| 님 웨일즈의 『아리랑』

"스무 살에 혁명가가 아니라면 가슴이 없는 것이고 마흔 살에 혁명가라면 머리가 없는 것이다."

80년대에 청년기를 보낸 이라면 특히 이 말이 가슴에 와 닿을 것이다. 나 또한 그랬다. 그 혁명이 어떤 모습이어야 하는지 그건 중요하지 않았다. 중요한 것은 오직 하나, 바꿔야 한다는 것. 그래서 당연히 철학도 "세상을 해석하는 게 아니라 변혁하는 것"이어야 했다.

도대체 무엇을 바꿔야 하는가.

다!

이미 존재해온 것들, 오래 있어왔던 것들, 그 모습 그대로 그렇게 거기 있었던 모든 것들.

역사도 마찬가지였다. 음습하고 낡은 역사, 늘 패배하고 구걸만 해온 역사, 숨기고 감추고 버리기에만 급급했던 역사. 그런 역사는 용광

로처럼 뜨겁게 달아오른 청년의 가슴에 아무런 흔적도 남기지 못했다. 백범의 상해 임정마저 그럴진대, 이승만의 먼 나라 독립청원운동은 아예 눈에 들어오지도 않았다. 그 공백을 속 시원히 메워줄 역사가 쉽게 '얻어지는' 것은 아니었다. 은밀히, 입에서 입으로, 행과 행 사이의 여백을 읽어내는 눈길을 통해, 전혀 새로운 역사가 조금씩 그 모습을 드러내기 시작했다.

1984년 동녘 출판사에서 『아리랑』을 펴냈을 때, 충격은 엄청났다. 도대체 이런 역사가 있었단 말인가! 도대체 이토록 자랑스러운 혁명가를 우리는 왜 여태 몰랐단 말인가!

책을 읽으면서 나는 몇 번이나 눈시울을 붉혔는지 모른다. 그가 겪은 간난신고의 세월이 더없이 안타까우면서도, 그런 그가 엄연히 존재했다는 사실이 가슴 벅찬 감동을 안겨주었다. 그가 혁명을 위해 사랑마저 포기할 때, 나는 도저히 그럴 수 없으리라 생각하면서도 그가 옳다고, 혁명은 사랑 너머에 있는 거라고 믿을 정도였다.

사랑이여 / 그대를 위해서라면 / 내 목숨마저 바치리 / 하지만 사랑이여 / 자유를 위해서라면 / 내 그대마저 바치리
― 헝가리 애국시인 페데피의 시

김산은 시대가 강요하는 고난을 결코 외면하지 않은, 말하자면 우리가 본받아야 할 혁명가의 전형이었다. 님 웨일즈는 그런 그를 기막히게

잡아냈다.

"내 인생에서 오직 한 가지를 제외하고 나는 모든 것에서 패배했다. 나는 나 자신에게 승리했다."

도대체 조선에서 온 한 사내의 어떤 점들이 탁월한 기록자 님 웨일즈의 펜끝마저 흔들리게 했던 것일까.

"그는 내가 칠 년 동안 동방에 있으면서 만났던 가장 매력 있는 사람 중의 하나였다. (……) 그는 추종자가 아니라 지도자로서 사물을 고찰하였다. 그는 조선혁명운동의 가장 중요한 지도자 중의 한 사람이었으므로 이것은 아주 당연하게 느껴졌다. 비록 겉으로는 예의가 바르고 세상사에 무관심한 듯이 보이지만, 그 저변에는 힘이 있었다. 여기에 있는 이 사람은 결코 무해한 인물은 아니었다. 충실하고도 헌신적인 나의 친구가 될지도 모르지만, 또한 적이 될 수도 있었다. 그는 자신의 죽음이나 타인을 살해하는 것에 대해 아무런 두려움도 없을 뿐만 아니라, 도덕적으로나 지적으로도 그런 것이 잘못이라고 생각하지도 않으며, 또한 그런 것을 피하지도 않을 인물이라고 느껴졌다. 여기 있는 이 사람은 중국과 조선의 현대사를 주조해낸 저 수많은 대비극의 타오르는 불덩이(白熱) 속에서 단련되고 형성된 사나이였다. 또한 단련된 의지와 결의의 강철 같은 도구로서, 뿐만 아니라 감각과 지각을 갖춘 정적(情的)인 존재로서 시련 속에서 나타난 사나이였다."

1905년 평북 용천에서 태어난 그는 3·1운동을 겪은 뒤 일본으로 건너가 무정부주의 운동에 눈을 뜬다. 1921년에는 중국으로 다시 건너가는데, 그후 그는 생의 거의 전 시기를 중국에서 보내게 된다. 처음 그는 김약산의 테러리즘운동에 매료당했으나 1922년 '붉은 승려' 김충창(본명 김성숙)을 만나면서 마르크스-레닌주의를 본격적으로 공부하고 마침내 중국공산당에 입당한다. 그후 그는 늘 급박하게 전개되는 중국 혁명의 한복판에 서 있었다. 광동 코뮌의 승리와 패배, 연이은 해륙풍 소비에트 전투와 탈출 과정에서 그는 몇 번이고 죽을 고비를 맞는다. 그는 다시 당 조직가로서 상해와 북경, 만주 등지에서 비밀 활동을 수행한다. 1930년 경찰에 체포된 그는 조선으로 넘겨져 엄청난 고문을 당한다. 그렇지만 끝내 그 모든 고통을 견뎌내고, 이듬해 4월 석방되어 다시 중국으로 건너온다. 그때부터는 그를 배신자 혹은 수정주의자로 모는 비열한 모함과 맞서 싸우는 더욱 어려운 시기를 보낸다. 그럼에도 그는 민중을 조직하기 위한 활동을 조금도 게을리하지 않는다. 1936년 7월 상해에서 '조선민족해방동맹'이 창설되면서 공산주의자, 무정부주의자, 민족주의자들이 함께 참여하는 항일연합전선운동이 시작되자, 그는 다시 한번 열정을 불태운다. 그러다가 조선 혁명가 대표로 선발되어, 중국 홍군의 혁명 근거지 연안으로 파견된다. 1937년 연안의 항일군정대학에서 물리학, 화학, 수학, 일본어, 한국어 등을 가르치던 그는 마침내 님 웨일즈를 만나 자신의 파란만장한 생을 고백한다.

 김산은 물론 가명이었다. 따라서 『아리랑』을 읽고 난 뒤에는 그가 과연 누구인지 궁금해지지 않을 수 없었다. 일부에서는 그가 실존인물이 아니라는, 그러므로 『아리랑』은 님 웨일즈의 '소설'이라는 주장까지 나왔다. 당시 한국의 사학계는 이 방면에서 거의 황무지나 다름없었다. 독립운동사에서 결코 빼놓을 수 없는 조선 공산주의 운동사, 특히 만주와 중국 대륙을 무대로 펼쳐졌던 공산주의 운동사에 대해서는 그때 겨우 걸음마를 뗀 상태였다.

어쨌거나 『아리랑』은 전두환 군사독재 정권 아래 또다른 형태의 '식민지' 상황을 경험하고 있던 이 땅의 무수한 젊은이들에게 손에서 손으로 입에서 입으로 널리 전파되어나갔다. 그 과정에서 『아리랑』은 상당기간 혁명의 산 교과서로 간주되었다.

"역사는 목동의 피리 소리에 맞춰서 춤추는 것이 아니다. 역사를 움직이는 것은 부상자의 신음 소리와 싸움하는 소리뿐이다. 투쟁하는 것이 바로 사는 것이다."(49쪽)

"세 사람 모두 노동자였는데, 단정하고 지적인 얼굴로 보아 학생 같아 보였던 나유매라는 소녀는 윤기 있는 칠흑 같은 머리를 짧게 자른, 대단히 예쁜 소녀였다. 그들은 앞으로 일으킬 총파업에 대한 선전활동을 하고 유인물을 배포하였다는 이유만으로 체포되어 사형선고를 받았던 것이다. 거리를 끌려다니면서도 그들은 공산청년 인터내셔널 노래를 소리 높여 불렀으며, 조금도 두려워하지 않고 가슴을 쫙 펴고 있었다. 지금도 나는 이 노래를 들으면 그 세 사람을 생각하지 않을 수 없다."(139쪽)

"자네도 저 청년만큼이나 어리고 순진하군. 계급적 정의란 개인적인 것이 아니라 내전의 필연적인 수단이야. 의심 나는 경우에는 보다 적게

죽이는 것이 아니라 보다 많이 죽여야 해. 자네는 지주들이 지배하였던 해륙풍의 실정과 그들이 자행한 잔인한 짓거리를 모르고 있어."(163쪽)

"나는 진짜로 기침을 하고 싶었던 적이 이제까지 한 번도 없었는데 쥐 죽은 듯이 조용해야 할 바로 그 순간에 갑자기 여태까지는 겪어보지 못한 참을 수 없는 충동이 일어났다. 그 순간에는 생사야 어찌 되었건 목구멍의 마비를 풀기만 하면 그만이었다. 하지만 나는 땅에 납작 엎드려 기침이 나오려는 것을 꽉 틀어막고, 숨이 막혀 늘어질 정도로 스스로 목을 졸랐다. 결국 나는 나 자신에 대하여 승리하였다."(179쪽)

"혁명은 하나의 추상물이 아닙니다. 살아 움직이는 인간으로 만들어지는 것이지요. 인간적인 요소가 대단히 중요합니다. 인간적 요소가 혁명에 유기적인 단결 — 동지간의 충성과 더욱 커다란 책임 — 을 부여해주는 것입니다."(201쪽)

김산이 걸어간 길은 우리가 전두환 파쇼체제하에서 아무리 고통스럽게 하루하루를 보낸다고 하더라도 도무지 엄두조차 낼 수 없는, 그래서 차라리 허구와 같은 길이었다. 그래도 나와 같은 얼뜨기 마르크시스트들은 『아리랑』을 덮은 뒤에도 한동안 김산의 생을 자신의 그것과 동일시하는 환각 증세에서 쉽게 벗어나지 못했다.

나중에 알려진 바이지만, 김산은 장지락(張志樂), 그를 모함한 것으로 나오는 '한'은 한위건(韓偉建)이었다. 동녘출판사는 90년대 들어 개정판을 내면서 님 웨일즈의 한국어판 서문을 첨가했고, 그후에는 리영희 교수의 추천사, 조지 토튼 교수의 해설까지 실어 책을 더욱 풍부하게 만들었다. 그래도 아쉬움이 남는 이들은 이회성과 미즈노 나오키가 엮은 『아리랑 그후』(동녘, 1993), 그리고 한홍구 교수의 소설 김산, 「못다 부른 아리랑」(『황해문화』, 2003년 여름호)과 짧은 논문 「'아리랑'의 최후를 아는가」(『대한민국사(史)』2, 한겨레신문사) 등을 참고하시라.

(2004년)

_백기완 표 민족주의, 민중주의

| 백기완의 『자주 고름 입에 물고 옥색 치마 휘날리며』

1990년대 초반이었을 것이다. 나는 종묘공원 옆 어느 교회를 빌려 시작된, 공해문제연구소(소장 최열) 주최의 제1회 강습회에 등록 신청을 했다. 그때만 하더라도 아직 환경운동에 대한 개념 정립조차 제대로 되어 있지 않은 터였지만, 나로서는 용케 호기심을 챙기고 있었다. 꽤 많은 수강생이 신청을 해서 열기가 제법 뜨거웠다. 첫번째 수업 시간, 한쪽 귀가 들리지 않으면서도 일부러 뒤쪽 자리를 차지하고 없는 듯 앉아 있었다. 연사 때문이었다. 그는 검은 두루마기 차림의 '백발 청년' 백기완 선생이었다. 나는 그분의 강연 스타일을 어느 정도 알고 있었다. 이른바 대거리 화법. 일방적으로 당신 이야기만 하는 게 아니라 주고받는 식의, 그러니까 강연 도중 수시로 청중에게 질문을 던지고 답을 요구하는 식의 화법이었다. 그게 민주적이지만, 때로 곤란한 점도 있었다. 질문을 해서 답이 쉽게 나오지 않으면 그중 만만한 이를 '찍어' 재

차 질문을 던지곤 했기 때문이다. 연사를 아는 이상, 나는 창피한 일은 당하지 말자, 미리 몸단속을 했던 것이다.

하지만 백기완 선생이 누구신가! 아, 눈도 좋으셔라!

"어, 거기, 김작가도 있구먼. 잘됐네. 김작가, 주체 주체 하지들 않소? 그 주체라는 게 우리말이 아니거든. 우리말로는 주체를 뭐라고 하지요?"

정답은 '알기'다. 그러나 그날 나는 당연히 대답을 제대로 하지 못했는데, 다행히 우리의 백선생은 입 속으로 꿍얼거리기만 하는 내 말을 "그렇지요? 알기! 바로 알깁니다." 하고 참으로 천재적으로 번역해내시며 수업을 이어갔다.

그날 이후, 백선생만 떠올리면 우리나라 사전에는 어디에도 없는 그 '알기'를 아니 생각할 수 없다. 한뉘 오로지 민족과 민중만 생각하며 살아오신 지독한 민족주의자이며 민중주의자 백선생. 당신네 동네(황해도 은율)에서는 그렇게 썼다는데, 그리고 그게 순 우리말이라는데, 대체 누가 그걸 감당해낼 것인가. 만일 거기에 대고 "저, 선생님, 그거 공인된 우리말인가요?" 하고 되묻기라도 한다면, 아마 거친 야전에서 평생을 보내오신 선생과 맞장이라도 뜰 각오가 되어 있거나, 아니면 진짜 우리 것이 무엇이냐에 대해 기나긴 시간 교육을 받을 각오가 되어 있어야 한다.

『자주 고름 입에 물고 옥색 치마 휘날리며』(시인사, 1979, 이하『자주 고름』)는 내가 제일 먼저 접한 그분의 책이다. 과연 그 책은 '백기완 표'였다.

표지 날개에 그의 사진이 있다. 부리부리한 눈, 짙은 눈썹, 뭉툭한 코, 굳게 다문 입. 다부진 조선 청년 백기완인데, 그는 흰 수건을 턱 하니 목에 걸치고 사진을 찍었다. 방금 공사장에서 일을 하다가 나온 듯한 (물론 땀을 닦은 뒤의) 모습으로. 그것이 말하자면 백기완 표의 가장 중요한 특징을 이룬다. 계속해서 약력이 당당하다. 출생 뒤에는 곧바로 '독학'이다. 그뒤 "농민운동, 빈민운동, 민족운동을 전개하면서 온갖 어려움"을 겪고, 저서『항일민족론』을 펴낸다. 구질구질한 게 없다. 그리고 마침내 "현재 백범사상연구소 소장"으로 마침표.

그 책을 읽노라면 "사내라면 모름지기 앉은 자리에서 개 한 마리는 너끈히 해치워야 한다"는 그의 말이 떠오르곤 했다. 언제였을까. 선생을 처음 뵈었을 때였을까. 당신은 이런저런 이야기 끝에 그렇게 말했다. 그때만 해도 육고기 자체를 싫어하고, 특히나 개하고는 인연을 맺을 생각이 전혀 없던 나로서는 초장부터 기가 죽을 수밖에 없었다.

책은 그런 투의 이야기를 '담'에게 해주는 형식으로 구성되어 있었다.

"담아, 너는 춘향전을 읽어본 적이 있느냐?"

"담아! 우리의 전통문학의 알맹이는 무엇무엇 있는지 아느냐?"

"담아! 아버지는 어째서 오늘 갑자기 어린 너희들에게 변증법이니, 또는 세계관이니, 하고 자못 알다가도 모를 커다란 문제를 들고 나왔을까."

담은 백선생의 큰딸 백원담이다. 책을 읽으면서 나는 그녀 역시 아버지의 호쾌무비한 교육을 받으면서 자란, 말하자면 앉은 자리에서 개 '반 마리'쯤은 너끈히 해치울 여걸쯤이겠거니 연상했다. 내 추론은 크게 틀리지 않았다. 얼마 지나지 않아서 나는 막 출판사 일(도서출판 화다)을 시작한 백원담을 직접 만날 기회를 갖게 되는바, 과연 그녀는 한눈에도 '그 아버지에 그 딸'이었다. 마포 경찰서 건너편 허름한 건물 이층에 자리잡은 출판사 계단을 오르내리는 그녀에 대한 내 인상은 마치 중국혁명기의 홍군 여전사 같았다는 것으로 남아 있다. 그 얼마 후 무슨 사건에 연루되어 곤욕을 치렀는데……

『자주 고름』은 여러 면에서 충격이었다. 무엇보다도 한 권의 책을 이렇게도 만들어낼 수 있구나 하는 점이 놀라웠다. 책은 아버지가 자식에게 들려주는 이야기체 그대로 되어 있어 누구든지 부담없이 읽을 수 있었다. 날것 그대로의 생생함이라니! 게다가 내용은 철저히 민족적, 민중적이었다.

흰 수건을 목에 두른 백선생은 알제리 태생의 프랑스 지식인 까뮈를 단방에 날려보냈다. 즉, 『이방인』은 "까뮈의 실존주의 사상의 한계가 1940년대라는 자본주의 문명이 고도화된 유럽 사회에 던져져, 거기서 처참하게 확인된 작품"이며, 주인공 뫼르소는 "허깨비 같은 자의식"을 대표한다는 것이다. 백선생은 뫼르소가 하필이면 아랍인을 쏴 죽이는 데 분노한다. 그것은 당대의 시대 상황이나 역사적 진실을 외면한 결과라는 것이다. 이럴진대, 백선생이 (민중의 입에서 입으로 전해진 춘향전

속의) 춘향이를 봉건체제에 저항하는 민중의 전형으로 해석한다든지, 심청을 "지난날의 왕조 사회에서 민중의 심미주의와 가치관을 결정해 주던 전설적인 이야기의 주인공"으로 해석한다든지 한 것은 너무나 당연한 일이라 하겠다.

백선생의 '사내론' 또한 나와 같은 책상물림 서생이 좇기에는 참으로 과격했다. 그가 아는 사내 중의 사내는 주먹깨나 쓰는 친구였는데, 집안일은 거의 돌보지도 않았다. 그러던 어느 날 아내가 병에 걸려 다 죽게 되어 병원에라도 가보고 죽으면 소원이 없겠다고 말한다. 사내는 아내를 들쳐업고 병원으로 달려간다. 그러고는 다짜고짜 의사의 멱살을 붙잡고 "네 놈이 아내를 우선 입원시켜 살려놓든지 이 주먹에 맞아 죽든지, 선택을 하라"고 협박, 삼 개월 만에 아내를 완치시켜놓았다는 것.

『자주 고름』은 요즘처럼 쩨쩨한 세상에 한 번쯤 되찾아 읽어볼 만한 책이다.

그는 백범사상연구소를 세우기 위해 크나큰 결단을 한다. 그 과정을 그는 이렇게 '변명'한다.

"얘들아, 문 좀 열어라. 벌써 이틀째구나. 갑작스러운 기습에 숨죽이는 전선의 밤처럼 이거 어디 답답해 살겠느냐? 내가 네 피아노를 팔아 술을 먹은 것도 아니고 방탕한 것도 아니고 사무실을 차리는 데 보태 쓴 것뿐이다. 그러면 왜 아버지는 우리들과 미리 의논을 하지 않았느냐고 하지만 일단 값이나 알아보려고 장사꾼을 불렀는데 마침 가져가겠다고 하는 것을 어떻게 하느냐. 내가 자질구레하게 값을 흥정할 수도 없었다. 나도 너희들이 학교엘 가고 없는 사이 텅 빈 집구석에서 시커먼 곰 같은 것이 실려나가는 것을 보고 너희들을 연상하였다. 입이 뒷산만해질 네 어머니, 칭얼거릴 현담이 얼굴, 무능한 애비를 마구 강타하는 너희들의 항의, 몸부림, 그러나 여기서 아버지는 하나도 모순을 느끼지 않고 있음을 강변하고 싶다. 왜냐하면 우리 연구소는 둘로 갈라진 민족의 통일을 위해서 우리들이 소유하고 있는 것을 모두 바쳐 싸우는 싸움터다. 여기에 피아노 하나쯤 바쳤기로서니 도대체 무엇이 어쨌단 말인가?"(「딸들아 문 좀 열어라」)

아, 멋있다. 이런 '민족적 민중적 우격다짐'의 사내야말로 백기완 표라고 아니할 텐가. 그래도 궁금해진다. 결말이 어땠지? 딸들은 언제 문을 열었을까? 피아노를 다시 사주시긴 했을까?

(2004년)

_야만의 광기 속에 피어난 흰 장미

| 잉게 숄의 『아무도 미워하지 않는 자의 죽음』

"뮌헨 대학으로 길을 나섰다. 흰 장미의 신화를 찾아. 고풍스런 붉은 벽돌의 건물들. 학생을 붙들고, 흰 장미의 전사들, 아무도 미워하지 않는 자들의 죽음, 그 기억의 장소를 묻는다. 한 학생이 저기를 가리킨다. 화단 앞. 그러나 교정을 두세 번 들락거려도 찾을 수가 없다. 다시 다른 학생에게 묻는다. 따라오라고, 작은 기념관도 있으나 대부분 기억하지 못한다고 했다. 되돌아나온 길, 어이없게도 입구의 땅바닥에 그들이 있었다."

내 글이 아니다. 백기완 선생의 『자주 고름 입에 물고 옥색 치마 휘날리며』의 수신인 '담'이 쓴 유럽 기행문 「다하우의 민들레」(『황해문화』 2004년 가을호) 중 한 토막이다. 『아무도 미워하지 않는 자의 죽음』의 주인공들을 기리는 동판 부조를 그렇게 발견했다는 것.

"기억하는 학생들은 밟고 지나가지 않지만 그렇지 못한 친구들은 그것이 무엇인지, 알기는 해도 신경쓰지 않지요. 그게 뮌헨 대학과 우리의 오늘입니다."

'담'을 안내해준 학생이 유창한 영어로 이렇게 말했다는데, '담'의 눈은 그 학생의 손에 들려 있는 두툼한 영어책도 놓치지 않았다.

역사란 대체 무엇인가.

대학 신입생 시절 필독서처럼 되어 있던 E.H. 카의 『역사란 무엇인가』에 따르면, 역사란 "과거와 현재의 대화이자 끊임없는 상호작용"이다. 그런데 이 지극히 평범한 정의, 당연히 그럴 수밖에 없는 정의가 오늘의 현실 속에서는 참으로 공허하게만 들린다.

『아무도 미워하지 않는 자의 죽음』을 다시 펼치는 내 심정 역시 그러하다. 그 시절, 우리는 이 책을 『아미자』라고 줄여 불렀다. 먼저 읽은 누군가가 소개를 해주었는데, 이상하게도 내 기억 속에는 한 대목이 좀처럼 지워지지 않는 선명한 이미지로 남아 있다.

처형장으로 끌려가는데 누군가가 울부짖는다.

"난 억울해요. 난 아무 일도 하지 않았어요."

그러자 함께 끌려가는 주인공이 말한다.

"네가 아무 일도 하지 않았기 때문에 우리가 죽는 것이다."

아아, 얼마나 섬뜩한 말인가. 다른 사람 이야기를 할 것 없다. 네가, 바로 네가 아무 일도 하지 않았기 때문에 우리는 이기지 못했다. 그 말을 처음 들었을 때의 오싹하던 기분을 지금도 충분히 재생해낼 수 있다.

전두환은 광주를 처참하게 진압했다. 무수한 생명을 진압했고, 우리의 의식을 진압했다. 아무도 말을 해서는 안 된다. 아무도 기억을 해서는 안 된다. 그런데, 그런데 말을 하라고 한다! 기억을 하라고 한다! 네가, 다른 누가 아니라, 바로 네가!

"어찌할까 문간에는 파수병이 있으니 / 어찌할까 우리는 갇혀 있으니 / 어찌할까 거리는 차단되었으니 / 어찌할까 도시는 쫓기고 있으니 / 어찌할까 도시는 굶주리고 있으니 / 어찌할까 우리는 무기를 빼앗겼으니 / 어찌할까 밤은 다가오고 있으니 / 어찌할까 우리는 사랑하고 있으니."(『아무도 미워하지 않는 자의 죽음』 뒷표지에 실린 시)

그런데 이상하게도 『아미자』를 아무리 거듭 읽어도 나는 그 장면을 발견하지 못했다. 어쩌면 그건 다른 책 이야기인지도 모른다. 하지만 『아미자』는 바로 그 이미지로 인해 내 마음속에 선명하게 남아 있는 것을 어쩌랴.

1942년 독일 뮌헨 대학의 학생들이 중심이 되어 일으킨 이른바 '백장미단 사건'은 히틀러의 광기에 속수무책으로 있던 독일 지식인 사회에 적지 않은 충격을 던져준다. 제1차 세계대전 이후 독일 사회를 강타한 극심한 인플레이션과 빈곤, 그로 인한 깊은 좌절감은 결국 히틀러의 국가사회주의(나치즘)의 환상으로 이어진다. 대부분의 사람들이 그 환상에 너무나 쉽게 도취되고 만다. 『아미자』의 한 주인공인 소년 한스 숄도 마찬가지였다. 그도 당연히 히틀러 유겐트(소년단)에 가입했고, 아버지의 반대에도 불구하고 그것을 자랑스러워했다.

"우리는 매일같이 조국이며 학교, 사회, 국민공동체, 조국애 등등에 대해서 듣게 되었다. 이런 말들에 대해서 우리들은 존경심을 품었으며, 학교에서나 길가에서 사람들이 이런 단어들에 대해 얘기를 하는 틈에 끼어 열성스럽게 귀를 기울였다."

그러나 소년은 이내 그것이 얼마나 허망한 존경심이었는지 몸으로 깨닫게 된다. 처음에는 애독하던 슈테판 츠바이크의 시집을 빼앗겼고, 그 다음에는 자기가 직접 그린 사자 문양의 특별한 중대기를 빼앗겼다. 아버지는 그런 아들에게 히틀러는 어린이들을 피리 소리로 꼬여내어 파멸시키는 하멜른의 쥐몰이꾼이라고 말해주곤 했다.

히틀러 유겐트를 빠져나온 한스 숄은 나치 치하에서는 금지된 청년회에 가입한다. 그것은 청년다운 열기를 마음껏 발휘할 수 있는 공간 그 자체였다. 그는 주말이면 여행을 떠나 북부 독일의 혹독한 추위 속에서 심신을 단련하는가 하면, 동료들과 더불어 모닥불 가에 둘러앉아 시를 읊고 인생과 자연에 대해 이야기를 나누고 다음과 같은 노래를 불렀다.

"시대의 소란으로부터 잠시 / 그대의 눈과 귀를 돌리라 / 그대의 마음이 스스로 정화되기 전엔 / 그대의 힘으로도 이 시대의 소란은 / 치유될 수 없는 것."

그러나 불행하게도 그것은 지극히 '잠시'였다. 그들은 '시대의 소란'에 휘말려버릴 수밖에 없는 운명이었다.

뮌헨 대학의 의학부에 입학한 한스 숄은 동료들과 더불어, 그리고 신학과 철학을 가르친 후버 교수의 지도 아래, 히틀러의 압제에 항거하는 운동을 본격적으로 시작한다. '백장미로부터'라는 제목의 유인물을 대학과 거리와 정거장과 우편함 등에 뿌렸다. 살벌한 감시의 눈초리를 피해 유인물을 만들고 그것을 뿌리는 일은 그야말로 목숨을 내건 행위였다. 하지만 누군가는 반드시 해야 하는 일이었다.

비열한 욕망에 사로잡혀 있는 무책임한 정권으로 하여금, 아무런 저항도 받지 않고 계속 집권하도록 내버려둔다는 것은 문화 국민으로서 수치스러운 일이 아니겠는가?
모두가 남이 시작하기를 기다린다면, 우리들은 네메시스(희랍의 복수의 여신)의 사자를 점점 가까이 불러오는 결과를 초래할 것이다.

뮌헨 대학 생물학부에 입학한 여동생 조피 숄은 오빠의 비밀 작업을 눈치챈 뒤 안전을 걱정했지만, 결국 동참하는 길을 택한다. 백장미단은 입에서 입으로 퍼져나갔다. 독일 곳곳에 같은 이름의 유인물이 뿌려졌다. 나치에 직접 저항하는 지식인들이 그만큼 늘어난 것이었다. 그러나 그것은 동시에 위험이 그만큼 커졌다는 사실을 뜻했다.
1943년 2월 18일, 화창한 목요일. 학교에 가서 선언문을 뿌리던 숄 남매는 교문을 봉쇄한 정권의 주구들에게 붙잡히고 만다. 그리고 불과 나흘 후, 단두대의 이슬로 사라진다. 사건의 파급을 두려워한 나치의 전격적인 처형이었다.
한스는 법정을 찾아온 막내동생에게 이렇게 말했다.

"강하게 살아남아라. 한치의 타협도 없이."

그들의 투쟁은 가공할 만큼 거대한 나치즘의 위세에 비하면 그들 스스로 말했듯 지극히 '수세적인 저항'이었다. 그러나 그 수세적 저항은 초인적인 것은 아니었을지 몰라도 인간으로서 할 수 있는 가장 아름다운 저항이었다. 전후 독일에서, 히틀러의 광기가 처참하게 물러간 폐허에서, 독일인들은 과연 어떤 힘으로 살아갈 수 있었을까. 만일 숄 남매를 비롯한 백장미단의 저항마저 없었다면?

전두환 정권의 야만적인 억압 속에서도 우리는 치열하게 저항했다. 그리고 이제 그 시절은 과거의 기억 속으로 사라진 듯 보인다. 아니, 때로는 조롱을 받고, 또 때로는 무시당하기도 한다. 그러나 역사가 과거와 현재의 부단한 대화라는 말, 믿는다. 현재 우리가 기억할 것을 제대로 기억하지 않으면, 미래의 역사는 없을 것이다. 『아미자』는 그런 기억, 그런 대화의 충분한 흔적이다.

"인간이 더이상 자신의 권리를 수호하려는 역량을 스스로 갖추지 못하게 될 때, 그때에는 인간의 파멸은 절대적인 필연성을 가지게 될 것이다." (「백장미의 편지」 중에서)

(2004년)

* 부기 2003년 푸른나무 출판사에서 같은 제목의 책을 다시 번역해 펴냈다.

러시아 혁명의 대서사시

| 숄로호프의 『고요한 돈강』

<u>그</u>때 러시아는 어떤 나라였나?

그 나라는 온통 눈이었다. 집도 마을도 벌판도 온통 눈뿐인 그 눈 천지 속에 시인이 있었다. 시인은 잠을 자다가 문득 늑대의 울음소리를 듣는다. 그건 덧없이 흘러가버린 기억의 문을 여는 빗장이었다. 시인의 마음은 갑자기 까닭 모를 환희에 젖는다. 그리고 그 환희의 순간이 사라지기 전에 서둘러 책상맡에 앉는다. 먼지를 닦고, 창문의 성에를 지우고, 그리고 깃털 펜에 잉크를 찍어 한 자 한 자 조심스럽게 적어내려간다. 라라…… 그리운 이름. 그것 없이 내가 살 수 없는 이름. 아니, 생의 충만한 허무를 메워줄 마지막 절대적인 이름!

그랬다. 너무나 압도적이어서 감히 비집고 들어가 무엇 하나 내 상상의 더듬이로 훑어볼 엄두조차 내지 못하게 하던 톨스토이와 도스토예프스키를 넘어서면, 거기, 파스테르나크의 『닥터 지바고』가 있었다. 그리고 그가 의학도 시절에 처음 만난 여인 라라가 있었다. 나는 까까머리 중학생 시절 단체 관람을 가서 그 두 사람을 처음 만났다. 그후 세 번 네 번 영화를 보고 소설을 읽는 동안 파스테르나크의 러시아는 내 가슴 깊숙한 곳에 메울 수 없는 깊이로 제 영토를 새겨넣었다.

그 영토는 70년대와 80년대가 교차하는 세월의 길목에서 수면 아래로 가라앉았다. 어쩔 수 없는 일이었다. 회의하는 인간의 전형, 파스테르나크와 시인 지바고를 입 밖에 낼 여유 따위는 없었다. 그리고 나는 어느덧 운동권의 선배가 되어 있었기에 더더욱 그러했다. 우리 서클에서 내가 맡은 것은 문학이었다. 문학이되, 어쨌든 운동에 복무하는 문학이어야 했다. 그 문학은 "문학은 아무것도 할 수 없다. 그러나 그래서 오히려 모든 것을 할 수 있다"거나 "모순의 방식으로 모순의 세계를 폭로한다" "문학은 존재 자체로 강고한 현실에 흠집을 내는 영원한 추문(스캔들)"이라는 모더니스트들의 교묘한 수사를 박살낼 수 있는 문학이어야 했다. 아아, 목표는 분명한데, 어디 그게 쉬운가.

작품이 있어야 했다. 모더니스트들의 저 '교활한' 입을 꼼짝 못 하게 만들 작품!

그때 마침 미군의 용병(카투사를 우리는 그렇게 불렀다)으로 간 친구가 나를 불렀다. 용산의 미 8군 도서관, 그곳이 보물창고라는 것이었다. 대한민국에 없는 것은 거기에 있다고 보면 된다는 것. 어찌어찌 안으로 들어갈 수 있었다. 과연 듣던 것 이상이었다. 거기에는 특히 마오의 중국 혁명에 관한 책이며 난공불락이라던 디엔비엔푸 전투에서 프랑스군을 궤멸시킨 베트남의 영웅 보 응웬 지압 장군의 전술 전략서 등 '실전'에 바로 적용할 수 있는 제1급 금서들이 빼곡하게 책장을 장식하고 있었다. 게다가 그런 것들을 아무런 제지 없이 빌려가 볼 수 있다는 것. 나는 아마 다시 한번 미국의 충격적인 힘의 실체를 절감했을 것이다.

하지만 나는 그런 책들을 빌려올 용기는 없었다. 무엇 다른 것이 없나 훑어보던 내 눈이 어느 순간 번쩍 떠졌다. 『And Quiet Flows the Don』!

소문으로만 듣던 책이 거기 있었던 것이다.

북한에 살다가 해방 이후 월남한 까마득한 선배 작가들로부터 아마 처음 그 이름을 얼핏 들었을 것이다.

"굉장하지, 차원이 달라."

그때 그 말을 하던 작가들의 삶도 파란만장한데, 그들이 감탄에 감탄을 거듭한다면?

물론 나는 그 책을 한 장도 읽지 못했다. 하지만 그 책이 내 곁에 존재한다는 사실을 눈으로 확인한 것만으로도 모더니스트들의 문학주의적인 상상력을 단번에 깨뜨릴 핵무기를 손에 넣은 양 흥분했을 터. 그로부터 몇 년 후에야 나는 비로소 숄로호프의 대하소설 『고요한 돈강』(장문평, 남정현 외 옮김, 일월서각, 1985)을 읽을 수 있었다.

"이 작품은 순수니 참여니 하는 논란의 여지가 없이 리얼리즘 문학을 말할 때나 현대 서양문학을 말할 때 빼놓을 수 없는 고전이다."(백낙청)

"이 작품은 1917년 이후의 시, 소설, 희곡 등을 총망라한 소련문학

중에서 가장 탁월한 걸작으로 평가할 수 있다."(이호철)

　일어 번역판을 판본으로 한 중역본이라 어째 좀 엉성한 구석이 많았지만, 꿈틀거리며 거칠게 흘러가는 돈강을 묘사한 첫 장면부터 나는 사이렌에 이끌리는 율리시스처럼 어떤 압도적인 힘에 빨려들어갔다. 한번 잡으면 밤을 새우지 않을 수 없었다. 한 권을 읽고 나서는 아마 나도 몰래 길게 한숨을 내쉬었을 것이다. 그렇게 한 권, 두 권, 마침내 일곱 권이나 되는 책을 정신없이 읽어치웠다.

　나만 그런 것이 아니었다. 이 글을 쓰기 위해 인터넷을 뒤져보니, 고요한 돈강에 빠져 허우적거리던 이들이 적지 않았다. 그중에서도 화가 임옥상의 다음과 같은 회상에는 차라리 기가 죽는다.

　"1986년 프랑스 유학을 마치고 돌아온 나는 휘몰아치는 민주화의 격랑에 여장을 풀 겨를도 없이 휩쓸렸다. 무서운 불길이었다. 전율의 나날이었다. 언제 어떤 일이 벌어질지도 모르고, 나를 잡아둘 그 어떤 것도 없었다. 스스로 판단하고 자기 힘으로 돌진할 수밖에 없었다. 그런 속에서 미하일 숄로호프의 『고요한 돈강』을 만났다. 홍명희의 『임꺽정』도 당시 함께 읽었지만 나는 『고요한 돈강』이 더 좋았다. 둘 다 금서 목록에 들어 있던 책들이다. 『고요한 돈강』은 나를 엄청난 상상의 공간으로 끌고 갔다. 유럽 여기저기를 대충은 다 여행했었지만 당시는 아직 러시아를 갈 수 없었기에 더 그랬는지 몰라도 나는 활자 하나하나에 감각기관을 설치해놓은 것처럼 예민하게 반응했다. 안개 낀 돈강, 범람하는 돈강, 전쟁 소용돌이 속의 돈강, 애절한 비련의 돈강, 끊임없이 흐르고 흐르는 세월의 돈강. 나는 돈강에 표류하기도 하고 어느 때는 자궁 속에 품긴 듯 포근히 잠들기도 하며 끝없는 상념에 상념을 키우며 책에 빠져들었다. 조국애에 달뜨기도 하고 혁명에 뛰어들기도 하며, 나의 현실과 책 속의 현실을 구분하지 못하였다. 나는 돈강의 주인공이었다."(한국일보, 2002년 6월 28일자)

무슨 말을 더 하랴.

격동의 역사 속에서도 한없이 서정적이던 파스테르나크의 러시아가 송두리째 뒤집혔다. 그 새로운 러시아는 인간과 대지와 역사가 어우러져 보여줄 수 있는 모든 것을 보여준 숄로호프의 러시아였다. 무엇보다 그 러시아에는 주인공 메레호프와 아크시냐의 지극히 동물적인 사랑과 안나와 분츄크의 혁명의 대의를 위해 자기를 희생하는 이타적인 사랑이 절묘하게 뒤섞여 있어, 젊은 내가 충분히 흥분할 수 있었을 것이다.

숄로호프는 20세기를 뒤흔든 거대한 혁명을 그리되, 결코 교과서적인 교훈을 보여주는 데 초점을 맞추지 않았다. 그는 혁명보다는 오히려 코사크의 반혁명, 배반, 탐욕, 정염, 시기, 질투, 모멸을 더 상세하게 그려냈다. 이 소설이 위대한 점은 아마 이 점에 있을 것이다. 그는 혁명의 대의를 믿었지만, 그 경로에서 나타나는 인간의 모든 추악한 모습을 형상화하는 데 조금도 주저하지 않았던 것이다.

『고요한 돈강』을 읽은 지 몇 년 지나지 않아 사회주의 혁명의 종주국 소련이 무너졌다. 믿을 수 없었지만, 사실이었다. 경직된 이념의 노예였던 나는 하루아침에 길을 잃은 양이 되었다. 심지어 얄팍한 반혁명에 기대를 걸어보기도 했지만, 이미 대세는 '해체'였다. 나는 내 젊은 날의 꿈을 일단 접어야 했다. 서울을 떠나기 위해 짐을 꾸리면서 많은 책을 버렸다. 그렇지만 나는 『고요한 돈강』을 버리지 않았다. 언제 다시 그 돈강의 거친 물결을 온몸으로 느낄 수 있을까 자신할 수 없었지만, 결코 그런 시절이 두 번 다시 오지 않는다 하더라도, 그 책은 영원히 내 영혼의 앨범을 장식하고 있으리라, 나는 생각했다.

(2004년)

*부기 미하일 숄로호프는 1965년 이 작품으로 노벨문학상 수상자로 선정되었다. 그러나 소련 당국의 압력으로 수상을 포기해야 했고, 그후 일생을 돈강 근처의 한 농장에서 보내다가 1984년 사망했다.

_아오자이가 말하는 항쟁의 역사

| 응웬 반 봉의 『사이공의 흰 옷』

『사이공의 흰 옷』이라는 책이 있었다.

그 책은 『아무도 미워하지 않는 자의 죽음』 『어느 청년 노동자의 죽음』 등과 더불어 격동의 저 80년대 내내 운동권의 교양도서 목록에서 늘 앞자리를 차지했다. 미국의 개입으로 인도차이나 반도에 새로운 확전의 징후들이 나타날 무렵인 1960년대 초반 사이공의 평범한 여학생 홍이 광기의 역사에 휘말리는 과정을 추적하는 그 책을 읽다보면, 베트남과 한국이라는 물리적 거리와 60년대와 80년대라는 시대적 간격을 뛰어넘는 진한 동질성을 느끼게 마련이었다. 이와 함께 그 책이 몇십 쇄를 거듭한 배경에는 여주인공 홍과 남주인공 호앙의 그야말로 아무도 가로막을 수 없는 절절한 사랑도 자리잡고 있었다.

그런데 지금 누가 『사이공의 흰 옷』을 읽는가.

이제 서점에서 그 책을 구하는 것조차 쉬운 일이 아니다. 대형 서점

창고 구석에서 어쩌다 켜켜이 먼지를 뒤집어쓴 채 숨어 있는 책을 발견할 수는 있어도, 어려서부터 컴퓨터와 벗하며 자라난 오늘의 청년세대에게 더이상 교양도서 목록으로 권해지지는 않는다. 인터넷 공간을 밤낮없이 누비는 그들에게는 홍의 세계야말로 오히려 낯선 사이버 세계, 즉 가상현실일 뿐이다.

그러나 그 책을 처음 접한 지 이십 년이 지난 지금도 『사이공의 흰 옷』에 대한 내 독후감은 여전히 강렬하다.

흰 아오자이에 흑진주같이 빛나는 머리카락을 흩날리며 자전거를 타고 가는 여학생. 스쳐 지나가는 바람에도 까르르 웃음을 터뜨리고, 포도에 구르는 나뭇잎만 보아도 닭똥 같은 눈물을 그렁그렁 매다는 나이의 홍. 그러나 그녀의 가방 안에는 삐라며 해방전선의 신문이 들어 있다.

홍은 그야말로 평범한 가정 출신이었다. 하지만 베트남에서 평범하다는 것은, 항불전쟁 때 비밀 서류를 나르던 아버지가 용병에게 잡혀 지독한 고문을 당하고, 마침 그 자리에 있던 나이 어린 딸이 발길질에 걷어차여 강으로 떨어지고, 섬에 숨어 있던 숙부가 사살당하고, 그러자 숙모는 강간까지 당한 뒤 살해되고, 또다른 숙부는 기요틴에서 생을 마감하며, 행상을 하던 어머니는 시장에서 독재의 주구에게 고기 상자를 뒤집어쓰는 모욕을 당하는 것을 말했다.

홍이 투쟁을 선택한 것은 너무나 자연스러운 일이었다.

"모든 것이 다시 보였다. 아버지가 신병의 고통 속에서 내뱉은 기침 소리 하나에조차도 우리 베트남의 역사가 스미어 있다는 사실을 뼈저리게 깨달을 때, 어머니의 초라한 고기 상자나, 삼촌이 내 손을 끌고 구경시켜준 사이공의 그늘과 양지, 공부에만 열중하리라 마음먹었던 사이공의 초기 생활, 여러 친구들, 붕 따우의 캠프—그 모든 것에 스미어 있는 나의 조국 베트남의 현실을 깨달을 때 나는 눈이 뜨여가는 기쁨에 몸을 떨었다."

홍은 동창생이며 연인인 호앙의 추천으로 항전구에 들어가 교육도 받고 나온다. 그러다가 마침내 체포되어 사이공 동물원 지하에 있는 감옥으로 끌려가 지독한 고문을 당한다. 홍은 적들에게 유리한 진술은 한 마디도 하지 않는다. 초주검이 되어 다시 감방으로 돌아왔을 때, 그녀는 머리핀으로 벽에 글을 새긴다.

"이 세상의 더러움을 모르는 이 흰 옷처럼/미래에 대한 사랑으로 오직 맑게 살려 했던 나/이제 이 비참한 수렁 속에 빠뜨려졌으나/나의 이 흰 옷 더욱 희게/언제까지나."

사이공의 흰 옷이란 결국 부패한 정권에 대한 염결한 존재 선언인 것이다.

호앙도 그녀와 마찬가지 길을 걷는다. 그들에게 체포와 고문, 투옥은 당당한 해방전사로 거듭나기 위한 하나의 당연한 절차에 지나지 않는다.

『사이공의 흰 옷』은 실록소설이다.

소설을 쓴 작가 응웬 반 봉은 베트남 전쟁 당시 종군작가였다. 그는 남베트남 전역을 돌며 해방전사들의 이야기를 취재하던 중 1969년 5월경 소설 속 여주인공인 홍, 즉 응웬 티 쩌우를 만난다. 그때 이미 남베트남 해방전사들 사이에서도 활동을 인정받고 있던 쩌우는 자신의 이야기를 쓰겠다는 작가의 제의를 거절한다. 다른 이들도 묵묵히 조국해방 전선에서 열심히들 싸우고 있는데 그게 무슨 자랑인가 싶어서가 첫번째 이유였고, 이름이 알려지면 항전구 이외의 지역에서 활동하는 것은 불가능해지기 때문이라는 게 두번째 이유였다. 쩌우는 사이공 시에 들어가 계속 활동하기를 원했던 것이다. 그러다가 그는 그것이 자신만의 개인적 경험의 이야기가 아니라 베트남 학생운동의 중요한 기록이 될 것이라는 저명한 혁명작가 또 호의 설득에, 마침내 응웬 반 봉의 제의를 받아들이게 되었다.

원제『아오짱』(아오는 옷, 짱은 희다는 뜻)은 이렇게 해서 북베트남에서 처음 출간되었다. 책이 나온 뒤 홍과 호앙이 보여준 투쟁과 사랑은 무수한 사람들의 심금을 울렸고, 두 사람의 결혼식에는 전국에서 헤아릴 수도 없는 격려의 편지가 쇄도하게 된다.

소설은 홍이 감옥에서 나와 다시 구찌 항전구로 들어가는 장면으로 끝을 맺는다. 그후 홍은 남베트남 청년학생영웅전사 대표단 자격으로 핀란드 헬싱키에서 열린 세계청년학생축전에 참가했고, 소련, 중국, 헝가리, 북한 등 사회주의 국가를 돌며 베트남 청년학생들의 투쟁을 소개하는 활동을 하기도 했다.

"호치민 주석을 만나보신 일이 있습니까?"

"내가 감옥에서 지옥에 가까운 고문을 받고 이젠 더이상 살 수 없으리라 생각했을 때 그분이 웃으며 나를 칭찬하는 것을 느낄 수 있었습니다. 마침내 나는 모든 것을 극복했고, 마지막에는 내가 이겼어요. 1969년 5월 19일 감옥에서 나온 이후 나는 호치민 주석을 네 번 정도 만날 수 있었어요. 주석은 저를 보자 "쩌우! 너 살아 있구나" 하고 말씀하셨어요. 베트남 인민들은 그를 호 아저씨라 부르며 아주 친근하게 느끼고 있어요. 우리들은 모든 생각과 노동과 삶과 투쟁에서 호치민 주석을 따르려고 노력합니다. 그분은 언제까지나 내 가슴속에 살아계실 겁니다."(「응웬 티 쩌우와 사이공의 흰 옷」, 『말』 1994년 6월호)

내가 응웬 티 쩌우 여사를 처음 만났을 때로부터 벌써 육칠 년의 세월이 흘렀다. 그때 그녀는 호치민 시 어린이보호위원회에서 소장으로 일하다가 독립하여 호치민 시 어린이복지재단을 설립, 운영하고 있었다. 그녀는 말수가 적은 대신 입가에는 늘 잔잔한 미소를 잃지 않았다. 나는 저 작은 체구 어디에서 그런 용기가 나왔는지 궁금했다.

"인생에는 세 번 중요한 때가 있다. 입당할 때, 결혼할 때, 죽을 때가 그것이다."

전기고문, 물고문을 비롯하여 온갖 잔악한 고문을 수도 없이 당하면서 죽음의 문턱을 수시로 넘나들 때, 홍은 선배 당원의 그 말만을 떠올렸다. 그것은 곧 의연한 죽음이야말로 미국의 지원을 받아 민중을 겁간하는 남베트남 군사정권에 대한 가장 통렬한 저항이 될 것이라는 믿음을 낳게 했다. 결국 그녀는 모진 고문들을 이겨냈고, 악명 높은 꼰다우 섬 감옥에서 무려 십삼 년을 지낸 호앙을 다시 만날 수 있었다.

마르고 왜소한 몸의 호앙, 즉 레 홍 뜨는 한때 적국이던 나라에서 온 내게 아주 잔잔한 목소리로 이렇게 말했다.

"나와 모든 활동가들은 사회주의 조국을 건설하기 위해 애쓰고 있습니다. '모두가 배부르고 따뜻한 사회주의를 건설하자!' 이것이 나를 움직이는 동력이며, 그것은 또한 공산주의자들의 심정이기도 합니다."

그때, 베트남 현지에서는 『사이공의 흰 옷』을 영화로 만들려는 움직임이 본격적으로 진행되고 있다고 했다. 이제 다 만들었는지 모르겠다. 그러나 〈모래시계〉의 최민수는 몰라도 〈의가형제〉의 장동건은 '미치도록' 좋아하던 베트남 신세대들, 이제는 아예 한국의 텔레비전 드라마를 거의 같은 속도로 보고 자라는 베트남 신세대들에게 과연 그 영화가 어떻게 받아들여질 것인가. 그리고 만일 그 영화가 어떤 이유로든 성공한다면, 그건 닷컴 시대의 체 게바라가 하나의 문화상품으로 성공한 것처럼 하나의 이미지로서 성공했다는 뜻일까.

어떤 방식이든 상관없겠다 싶다. 조국의 해방을 위해서 청춘을 바친 이의 이미지라면 없는 것보다야 백 번 천 번 낫지 않겠는가.

체의 평전을 낸 출판사의 광고 문안이 기막혔다.

"인간은 꿈의 세계로 나아간다."

나는 폭풍 같던 내 젊은 시절을 휘어잡았던 책 『사이공의 흰 옷』의 두 주인공에게서도 이미 그런, 어떤 정략을 쓰더라도 아름다울 수밖에 없는 이미지를 읽어냈는지 모르겠다.

(2004년)

*부기 2005년 베트남에서 가장 인기 있던 책은 전쟁 당시 자신을 희생했던 한 간호병의 일기다. 초판을 2만부나 찍었는데, 소설책을 겨우 1천부 찍는 시장 규모로 보면 엄청난 베스트셀러라 아니할 수 없다. 물론 감동적인 책 내용이 그런 인기를 만들어냈을 텐데, 관찰의 결과, 압도적인 자본화의 대세 속에서도 악착같이 '혁명정신'을 '사수'하려는 베트남 혁명 세대의 조직적 의지도 조금은 작용했지 싶다. 지금 베트남 청년들은 『사이공의 흰 옷』을 모른다. 대신 그들은 서점에 가서 한국 인기 그룹의 브로마이드를 산다.

_모든 불온한 것들 중에서도 가장 불온한

| 김지하의 『황토』

지금은 개발이 되어 흔적조차 찾기 어렵게 되었지만 당시만 해도 세종문화회관 뒤편에는 멋진 한옥들이 꽤 많이 남아 있었다. 당주동이라 했던가. 1979년 어느 날, 거기 사는 벗의 집에서 나는 눈이 번쩍 뜨이는 책 한 권을 발견했다. 『황토』(한얼문고, 1970). 그것도 김지하 시인이 엠네스티(국제사면위원회) 활동을 하던 벗의 부친에게 직접 서명까지 해준 시집이었다. 아아, 빨간 표지가 선명한 그 시집을 꺼내 들었을 때의 그 형용할 수 없는 감동이라니! 그때까지만 해도 나는 김지하의 시 한 편을 온전히 읽은 적이 없었다. 기껏해야 이런저런 평론글에서 토막으로 인용된 시 몇 줄을 겨우 훔쳐 읽곤 했을 뿐이었다. 김지하는 말 그대로 지하의 인물, 밝은 대낮 햇빛 속에서 공공연히 거론해서는 안 되는 금기 그 자체였기 때문이다. 나는 얼른 「황톳길」을 읽었다.

황톳길에 선연한

핏자욱 핏자욱 따라

나는 간다 애비야

네가 죽었고

지금은 검고 해만 타는 곳

누가 들을세라 입 안으로만 나지막이 읽는데도 목구멍이 콱콱 막혔다. 뻘건 황토 뻘밭이 눈앞에 아른거렸다. 그 길 아닌 길을 한 사내가 걸어간다. 철삿줄에 꽁꽁 묶인 채. 그 길이 어디인가. 애비가 죽은 곳이다. 애비의 애비들이 죽은 곳이다. "부줏머리 갯가에 숭어가 뛸 때／가마니 속에서 네가 죽은 곳"이다. 아아, 태양은 왜 저리 죽자고 뜨겁게 이글거리는가. 사내는 피울음을 삼키며 그 길을 간다. "작은 꼬막마저 아사하는／길고 잔인한 여름"이다. "하늘도 없는 폭정의 뜨거운 여름"이다. 그 뜨겁디뜨겁고 잔인하디잔인한 여름, 사내는 간다. "철삿줄 파고드는 살결에 숨결 속에／너의 목소리를 느끼며 흐느끼며" 사내는 간다. 나는 간다……

나는, 한 번도 그렇게 울어보지도 못했지만, 피울음이 무엇인지 단박에 알아차렸다. 나는, 한 번도 그런 길을 걸어보지 못했지만, 뜨거운 황토 뻘밭길이 무엇인지 단박에 알아차렸다. 그리고 그 피울음과 그 황톳길이 어째서 "하늘도 없는 폭정의 여름"인지도 단박에 알아차렸다.

온몸이 떨리는 흥분 속에서 다시 한 편의 시를 찾아 읽었다.

잘 있거라 잘 있거라
은빛 반짝이는 낮은 구릉을 따라
움직이는 숲그늘 춤추는 꽃들을 따라
멀어져가는 도시여
피투성이 내 청춘을 묻고 온 도시
잘 있거라

—「결별」 중에서

눈물이 나지 않았다면 유신의 폭정 속에 사는 젊은이가 아니었다.
 어느 결별인들 슬프지 않으랴. 하지만 울어서는 안 되는 결별도 있다. 지나간 세월, 고통과 폭압의 세월뿐이었지만, 나름대로 열심히 견디고 싸워왔지만, 어쨌든 졌다. 그래, 당신이 이겼다. 하지만 내일은 다르리라. 아니, 달라야 한다.
 사내는 뜨거운 눈물을 속으로 삼킨다.

고개를 숙여
내 초라한 그림자에 이별을 고하고
눈을 들어 이제는 차라리 낯선 곳
마을과 숲과 시뻘건 대지를 눈물로 입맞춘다
온몸을 내던져 싸워야 할 대지의 내일의

저 벌거벗은 고통들을 끌어안는다

미친 반역의 가슴 가득 가득히 안겨오는 고향이여

짙은, 짙은 흙냄새여, 가슴 가득히

사랑하는 사람들, 아아 가장 척박한 땅에

가장 의연히 버티어 선 사람들

이제 그들 앞에 무릎을 꿇고

다시금 피투성이 쓰라린 긴 세월을

굳게 굳게 껴안으리라 잘 있거라

키 큰 미루나무 달리는 외줄기

눈부신 황톳길 따라 움직이는 숲그늘 따라

멀어져가는 도시여

잘 있거라 잘 있거라.

—「결별」중에서

세상과 정면으로, 세상과 가장 정직하게 싸워본 사람이 아니면 어찌 이런 결별을 말할 수 있을까. 그런데도 나는, 그때 겨우 스무 살을 갓 넘긴 나는, 한 번도 노동의 신성함조차 맛보지 못한 나는, 한 번도 군부독재와 정면으로 맞서 싸워보지 못한 나는, 오만하게도 감히 그 순간 많은 것과 결별했다. 결별한다고 선언했다. 오오, 고통의 축제 정현종이여. 오오, "나는 한 여자를 사랑했네 물푸레나무 한 잎같이 쬐끄만 여자"의 오규원이여. '평균율' 동인이여. 잘 알지도 못하지만, 발레리여, 바슐

라르여……

한동안의 침묵이 있었을 것이다. 그리고 나는 시집을 빌려달라고 부탁했다. 벗은 나를 생각해서 거절했지만, 나는 기어코 단 하루만이라는 말미를 얻어 그 책을 손에 넣을 수 있었다. 그날 밤, 어떻게 집에 돌아왔는지 몰랐다. 새 노트를 꺼내 밤새도록 그 시집을 필사했다. 첫 장부터 마지막 판권란까지…… 촉이 무딘 만년필에서는 시도 때도 없이 잉크가 줄줄 새어나오는데, 떨리는 가슴을 애써 누르며 나는 마침내 문학평론가 염무웅의 발문까지 다 베껴 쓸 수 있었다. 오오, 그의 말대로 "한 마리 검은 수말처럼" 우리 곁에 나타난 시인 김지하! 그는, 그리고 그의 시집 『황토』는 내 최초의 반란이었다.

"이 작은 반도는 원귀들의 아우성으로 가득 차 있다. 외침, 전쟁, 폭정, 반란, 악질(惡疾)과 굶주림으로 죽어간 숱한 인간들의 한에 찬 곡성으로 진동하고 있다. 그 소리의 매체. 그 한의 전달자. 그 역사적 비극의 예리한 의식. 나는 나의 시가 그러한 것으로 되길 원해왔다. 강신(降神)의 시로."(후기)

그때부터 김지하는 내 문학, 내 삶의 밑바닥에서 나를 움직이는 어떤 보이지 않는 자장(磁場)이었다. 그러면서도 나는 어려울 때마다 그가 나를 대신해서, 우리를 대신해서 싸워주기를 바랐다. 그건 말하자면 나를 대신해서, 우리를 대신해서 더 큰 고통을 감내해달라는 부탁이었다.

요구였다. 협박이었다. 하지만 그는 그때 이미 너무나 큰 고통을 받은, 우리 시대의 대속자(代贖者)였다.

1980년 5월이 지나고, 그가 세상에 다시 나왔을 때, 그는 이미 『황토』의 시인, 『오적』의 싸움꾼이 아니었다. 생명이라는 말이 들려오기 시작했다. 폭력과 물질과 속도와 양의 선천(先天)을 넘어서서 새로운 후천개벽의 유토피아를 갈구한다는 소문이 들려오기 시작했다. 5월 학살의 한복판에서 살아남은 이들은 그를 순진한 낭만주의자로 폄하하기 시작했다. 그리고 세월이 훌쩍 흘러, 저 참혹한 분신정국의 시대, 그는 하루아침에 전혀 다른 사람인 듯 발언했다.

"벗들, 죽음의 굿판을 걷어치워라. 당장!"

이제 다시 그때의 정황을 놓고 이러저러한 말을 짓고 싶지 않다. 한 가지, 나는 태어나서 가장 치명적이다 싶을 정도의 배반감을 느꼈는데, 그건 그만큼 그가 내게 준 영향이 컸기 때문이었다.

얼마 전, 동료들 사이에서 김지하 이야기가 다시 나왔다. 내가 "김지하 선생"이라고 부르자, 한 동료가 미간을 찌푸렸다. 그러면서 제 경험을 이야기해주었다. 인사동인가 어디서 지팡이를 짚고 걸어오는 그를 보았다. 동료는 얼른 고개를 돌린 채 그가 지나가기만을 기다렸다. 동료는 내게 말했다.

"나는 아직 용서가 안 돼."

평가는 각자의 몫이다. 그러나 이제 와 감히 말하건대, 그가 있어 나는 행복했다. 그는 저 무수한 불온한 것들 중에서도 가장 불온한 시 한 편을 읽을 수 있게 해주었다. 다시 말해, 그건 누구의 생이든 모든 생은 어차피 자신의 전 존재를 건 싸움이라는 사실을 가장 상징적으로 보여준 사건이었기 때문이다.

김지하, 그는 아직도 내게 하나의 사건이다. 불온해서, 행복한!

(2004년)

제3부
쓸데없이 내가 읽은

인류가 역사 속으로 발을 들여놓은 이래 단 하루라도 아무 일도 없었던 적이 있었을까. 저자를 채우는 저 무수한 장삼이사들에게는 일상사가 가히 혁명이며 전쟁이지 않겠는가. 그런데도 역사는 그런 이들의 인생을 당연하다는 듯이 비켜 지나갈 뿐이다. 동시대를 살아가는 많은 이들 중에서 무작위로 한 열 사람쯤 '추첨'하여 그들을 하루 종일 따라다니며 시시콜콜 일상사를 기록한다면 그것도 먼 훗날에는 꽤나 그럴듯한 '역사'가 되지 않겠는가 싶다.

_유나바머, 21세기의 화두

신문의 해외토픽난에서 그를 처음 만났을 때, 나는 드디어 올 것이 오고야 말았다는 생각뿐이었다. 그를 옹호할 마음도 없었지만, 그를 비난할 마음 또한 쉽게 생기지 않았다. 싫든 좋든 그는 하나의 징후 자체였다. 그것은 인류가 이제껏 쌓아올린 문명의 성채가 어떤 미래를 맞이할 것인가 하는 데 대한 아주 불길한 예언이기도 했다.

테오도어 존 카진스키. 수학의 천재로 십칠 세에 하버드대에 입학하여 삼 년 만에 졸업. 미시간대에서 박사학위를 받은 후 곧바로 버클리대에서 종신교수직 취득. 그러나 이듬해 아무런 설명 없이 교수직을 버림. 그때부터 목수 등 여러 직업을 전전하다 미국에서도 가장 외진 땅 몬타나의 깊은 숲속으로 들어감.

그가 본명보다 훨씬 유명한 '유나바머'라는 새 이름을 얻게 된 것은 1978년부터 시작된 일련의 폭탄테러사건 때문이었다. FBI가 추적에 나섰으나, 십팔 년간 그는 오직 합성신조어 유나바머(unabomber)였을 뿐이다. 주로 대학(un:university)과 공항(a:airport)에 폭탄(bomb)을 보냈다고 해서 붙여진 이름이었지만, 그 밖에도 목재산업 로비스트와 유전학자, 컴퓨터과학자 등이 그의 목표물이었다.

그가 왜 자기와 직접적인 이해관계가 없는 사람들에게 그런 테러를 자행했을까. 지난해 뉴욕타임스와 워싱턴포스트는 총 삼만 자에 달하는 자신의 선언문 '산업사회와 그 미래'를 게재하면 더이상의 테러를 포기하겠다는 그의 요구를 받아들였다. "인류에게 있어 산업혁명과 그 결과는 재앙이었다"고 시작하는 그 선언문은 말하자면 컴퓨터로 대표되는 첨단문명사회에 대한 선전포고였다. 그는 처음부터 끝까지 '발전'을 믿지 않았다. 그의 생각을 내 식대로 번역하면 이렇다. 가령 암을 치료하려면 많은 의학정보가 필수적이다. 그러므로 사람들은 더 많은 정보에 기대게 되고, 궁극적으로는 문명의 발전이 지구상에서 암을 완전히 추방할 수 있으리라 믿는다. 하지만 암은 어디서 생겨났는가. 바로 '문명'이 낳은 자식이다. 따라서 문명이 발전하면 할수록 하나의 암은 치료되겠지만, 더 끔찍한 암들이 끝없이 새끼를 칠 것이다.

문명에 대한 그의 이러한 진단이 옳건 그르건, 『유나바머』(박영률출판사)는 눈만 뜨면 컴퓨터 앞에 달라붙어 사는 우리들로 하여금 코앞에 다가온 21세기에 대해 고통스러운 사색을 강요하는 것이다. 책 뒤에 실린 유나바머에 대한 사회심리분석 보고서가 그 사색의 도정에서 하나의 길잡이 구실을 한다.

(1996년)

*부기 에이즈와 조류독감은 새로운 암이다. 그러나 그런 유형의 암만이 새롭게 발생하는 것은 아니다. 보이지 않는, 인간의 정신에 달라붙어 끝없이 자기변이를 일으키는 암은 또 얼마나 많을 것인지!

_첫사랑으로 돌아가라 | 바오 닌의 『전쟁의 슬픔』

베트남 호치민 시에는 팜무라오라는 배낭족 거리가 있다. 처음 그곳에 들렀을 때 꾀죄죄한 '소년 상인'들이 들고 다니는 목판에서 가장 많이 볼 수 있었던 책이 영문 해적판 『전쟁의 슬픔』이었다. 베트남 작가가 쓴 소설이 번역되었다는 호기심도 작용했겠지만, 어쨌거나 반쯤은 겉멋으로 샀으니 한동안 배낭 무게만 늘릴 수밖에. 그러다가 겨우 읽게 되었을 때 적지 않은 충격을 받았다. 머릿속으로 막연히 그리고 있던 사회주의 베트남의 문학이 전혀 아니었기 때문이다. 작가가 혹시 보트피플이 아닌가 싶을 정도였다. 하지만 그는 베트남 전쟁 당시 월맹군 '영광의 제27청년여단' 소속으로 처음 오백여 명이었던 부대원 가운데 사이공 해방 때까지 살아남은 마지막 열 명 중 한 사람이었다. 이런 경력을 지닌 작가가 어떻게 이런 작품을 썼을까, 궁금해하던 기억이 새롭다.

『전쟁의 슬픔』은 처음부터 끝까지 주인공 끼엔의 '흔들리는 의식'에 기대어 전개된다. 그는 자신이 참가한 이른바 민족해방전쟁의 당위성에 대해서는 한마디도 하지 않는다. 그러기는커녕 그는 환각제에 의지해 공포에서 벗어나고자 하는 동료, 이성을 잃고 머리에 총을 쏴 자살하는 지휘관, 월맹군에게 윤간을 당해 "영혼이 없는 시선"을 지니게 된 애인 프엉에 대해서 말한다. 그리고 그 모든 증언 또한 몽롱한 의식의 흐름을 한치도 벗어나지 않는 방식으로 이루어진다.

이 소설의 메시지 또한 단순하다. 제목처럼 전쟁의 슬픔, 그것이다. 거기엔 세계 최강대국을 상대로 싸워 마침내 승리를 쟁취해냈다는 자부심 같은 것이 자리잡을 구석은 없다. 있다면, 전쟁이라는 거대한 해일 앞에서 산산조각으로 부서지고 마는 개인의 비참한 실존만이 있을 뿐이다. 아니, 소설은 '조국 해방'만큼이나 중요한, 그 비참한 실존에 대해서 강력하게 발언을 하는 것이다.

정확히 이십오 년 전, 전쟁은 끝났다.

끼엔은 살아남았고, 바로 오늘 그를 이 세상에 내보낸 작가 바오 닌이 우리 곁에 왔다.* 그는 한때 자신의 적국이었던 나라, 그 파병의 대가로 고속도로를 세운 나라, 그리하여 지금은 첨단 산업자본주의의 풍요를 구가하는 나라에서 무엇을 말할 것인가.

"영원히, 그는 공간을 가로질러 과거의 깊은 바닥에 이르도록 고동치는 섬광들을 찬양할 것이며, 생애 첫번째 전쟁의 섬광과 첫 모험의 미

---

* 2000년 6월 5일~6일 열린 민족문학작가회의 주최 〈세계 작가와의 대화〉에 참석.

광과 어린 시절 깊은 기억 속에 튀어오르는 첫사랑의 빛을 찬양할 것이다."

이쯤에서 『전쟁의 슬픔』을 쓴 작가 바오 닌의 의식은 영화 〈박하사탕〉을 만든 감독 이창동의 의식과 정확히 동심원을 이룬다. 가해자와 피해자의 차원을 넘어, 그들은 똑같이 말한다. "첫사랑으로 돌아가라!" 왜냐하면…… 그것밖에는 달리 '수'가 없기 때문이다.

(2000년)

＊부기 이 책은 한국에서 프랑스어 판본을 토대로 번역, 출간되었다. 베트남어 원본과는 꽤 차이가 있다고 하는데, 언제고 원본에서 번역한 정본을 읽고 싶다. 그래도, 읽을 만하다. 좋다.

_전쟁만이 아는 슬픔 | 바오 닌의 『전쟁의 슬픔』

70년대 후반, 리영희 교수는 『전환시대의 논리』에서 베트남 전쟁에 관한 우리의 인식이 얼마나 단선적인지를 지적했다. 그때부터 공산주의 대 자유진영의 대결이라는 지배적이고 관습적인 이미지는 해체되기 시작했다. 딥 퍼플이, 존 바에즈가, 짐 모리슨이 새롭게 들렸다. 참전용사 황석영은 『무기의 그늘』을 썼다. 광주 민주항쟁은 베트남 전쟁에 대한 새로운 인식을 보편화하는 계기로 작용했다. 베트남은 오직 베트남 민중의 것이었고 그들 앞에는 오직 승리만이 존재했다.

다시 세월이 흘러 최근 베트남 장편소설로는 처음 번역된 『전쟁의 슬픔』을 읽을 수 있게 되었다. 작가는 1969년 소집된 제27청년여단의 소년병 오백 명 중에서 1975년 종전 때까지 살아남은 열 명 가운데 하나였다. 이런 이력이라면 그의 분신일 주인공 끼엔은 마땅히 통일베트남의 영웅으로 기억되어야 할 것이다. 그러나 어디에서도 끼엔은 행복하지 않다. 그는 처음부터 끝까지 갈등하는 존재, 따라서 베트남의 현실에서는 '존재해서는 안 되는 존재'였기 때문이다. 이런 점에서는 현대 중국의 상흔소설이나 우리의 90년대식 후일담소설을 많이 닮은 것처럼 보인다. 그렇지만 『전쟁의 슬픔』이 그 너머에 있는 것처럼 보이는 것은 왜일까. 무엇보다 주인공 끼엔이 겪는 고통의 경험이 너무 지독하지 않은가. 『무기의 그늘』이 전쟁의 모순에 대한 구조적 해부를 시도함으로써 충격을 주었다면 『전쟁의 슬픔』은 전쟁 당사자의 눈을 통해 '전쟁만이 아는 슬픔'을 잔인할 정도로 솔직하게 그려냈다는 점에서 충격적이다.

자정 무렵 가늘고 약한, 마치 안개와 같은 부슬비가 소리도 없이 내렸다. (……) 가방에는 전사들의 유골이 가득 들어 있었다. 끼엔은 몸을 떨었다. 그는 불안하고 불편한 잠 속을 떠다니며 간간이 몸을 뒤척였다. 길가의 시냇물은 세월의 흐름을 닮은 듯 아주 세차게, 그리고 구슬픈 신음 소리를 내며 흘렀다. 밖과 마찬가지로 끼엔의 잠 속도 어둡고 후텁지근했다.

나는 이제껏 전쟁의 슬픔을 이보다 더 리얼하게 묘사한 장면을 본 적이 없다. 베트남은 20세기 들어 미-일-불-중의 4대 강국을 모두 물리쳤다. 그 동력이 다만 이념에 대한 믿음 때문이었을까. 21세기의 목전에서 나는 천천히 고개를 젓는다. 불굴의 전사가 중요한 만큼 '불안하고 불편한 잠'을 자는 한 인간의 영혼 또한 중요하다는 사실을 기억하며.

(1999년)

_전복적 상상력으로 살려낸 역사
| 레이 황의 『1587 만력 15년 아무 일도 없었던 해』

역사란 베스트셀러만 모아놓은 전집 같다는 느낌이 들 때가 있다. 혁명이라든지 전쟁과 같은 거대한 서사에는 넘쳐나는 관심을 보이면서, '아무 일도 없었던 해'에 대해서는 그야말로 아무런 관심도 보이지 않기 때문이다. 그러나 인류가 역사 속으로 발을 들여놓은 이래 단 하루라도 아무 일도 없었던 적이 있었을까. 지구상 어느 구석에선가 어떤 며느리는 밥을 태웠다고 시어머니한테 구박을 받아 서까래에 목을 매달았을지도 모르고, 어떤 가장은 오늘도 돈을 벌지 못해 식구들 끼니 걱정을 하며 터덜터덜 집으로 돌아가다 골목에서 갑자기 나타난 미친개에 물려 끝내 목숨을 잃었을 수도 있다. 저자를 채우는 저 무수한 장삼이사들에게는 그런 일이야말로 가히 혁명이며 전쟁이지 않겠는가. 그런데도 역사는 그런 이들의 인생을 당연하다는 듯이 비켜 지나갈 뿐이다.

'21세기 앞으로 ○일'하는 전광판이 아직 눈에 익던 무렵, '1999년

'10월 16일 서울의 하루'와 같은 책을 기획하면 어떨까 생각한 적이 있다. 이때의 '10월 16일'이란 물론 역사적으로는 아무런 의미가 없다. 그렇지만 동시대를 살아가는 많은 이들 중에서 무작위로 한 열 사람쯤 '추첨'하여 그들을 하루 종일 따라다니며 시시콜콜 일상사를 기록한다면 그것도 먼 훗날에는 꽤나 그럴듯한 '역사'가 되지 않겠는가 싶었던 것이다. 그것들이 결국 한 시대 한 지역의 전형적인 삶을 구성할지도 모른다.

『1587 만력 15년 아무 일도 없었던 해』라는 특이한 제목의 역사책이 관심을 기울이는 부분도 바로 그런 전형성을 폭넓고도 깊이 있게 찾아보자는 노력 그 자체이다. 중국의 명나라 말기 만력제가 재위하던 1587년은 사실 기존의 시각으로 보면 아무런 역사적 의미를 지니지 못한다. 그해에 이렇다 할 전쟁도 일어나지 않았고 이렇다 할 반란도 일어나지 않았기 때문이다. 그러나 그 심심한 한 해 동안에도 대학사 장거정, 그의 휘하 문인 신시행, 지독한 도덕주의자 해서와 같은 이들이 자신들의 야심을 채우기 위해 누군가를 모함하거나 혹은 죽음을 각오한 채 "천하의 모든 사람이 폐하를 쓸모없는 사람으로 생각한 지 오래되었습니다"라고 상소문을 올린, 무시 못 할 역사들이 존재했다. 그런 낱낱의 역사들을 그러모을 때 우리는 결국 하나의 봉건왕조가 어떤 원인으로 인해 조만간 멸망의 길로 접어들게 되는지 좀더 명확하게 이해할 수 있게 될 것이다.

그러나 이 책은 중국 명대에 관한 또 한 권의 실증적 역사책으로보다는 '아무 일도 없었던 해'를 역사 속에 당당히 자리매김해놓은 저자의 그 전복적 상상력을 배우는 교과서로서 더 큰 가치가 있다. 나는 새삼 슬그머니 덮어버렸던 관심을 되살린다.『2000년 6월 17일, 한국의 하루』. 이 글을 읽는 어떤 출판사 사장님이 전화를 해올지 모르겠다.

(2000년)

*부기 6년이 지났는데도 아무도 연락해 오지 않았다. 그래도 나는 '아무일도 없었던 하루'에 대한 내 설레는 기대를 접지 않는다.

_무엇을 어떻게 기억할 것인가
| 타나카 히로시의 『기억과 망각』

제2차 세계대전이 끝난 지 사십주년이 되던 해, 서독의 바이츠제커 대통령은 "죄가 있든 없든, 나이가 많든 적든 우리 모두가 과거를 떠맡지 않으면 안 된다. 과거에 대해 눈을 감는 자는 현재에 대해서도 눈이 멀게 된다"고 말했다. 그 무렵 일본에서는 가해자로서의 책임의식보다는 원폭의 희생자라는 피해의식이 지배적이었다. 두 나라의 이렇듯 상이한 '전후의식'은 독일이 '인도에 대한 범죄'에는 시효가 없다는 결정을 내리게 만든 반면, 일본의 경우 침략과 식민지배에 대한 각료들의 잇단 망언, 신사참배와 교과서, 종군위안부 문제 등 전쟁에 대한 책임회피를 고수하는 태도로 나타났다.

『기억과 망각』은 제2차 세계대전에 책임이 있는 이들 두 나라의 '전후의식'을 비교하며 일본의 그것이 상대적으로 얼마나 초라한지를 밝힌다. "와카와 하이쿠의 전통을 자랑하며 구슬프고 가슴 저미는 왕조의 연애문학을 사랑해온 일본"이 왜 조선에서 중국에서 필리핀에서 끔찍한 만행을 저질렀는가. 그러나 '전후'의 문제는 과거의 역사적 사실을 단순히 밝히는 것과는 차원을 달리한다. 그것은 대다수 일본 국민이 "연합국에 의한 도쿄 재판과 기타 전범 재판을 방관하고, 재판정에 선 소수에게 죄를 덮어씌움으로써" 전쟁을 자신들의 문제로 생각하는 일에 태만했고, 피고들에 대해서 전쟁을 일으킨 개전 책임보다는 국가를 패전의 치욕으로 몰고 간 데 대한 패전 책임을 문제시한 잘못을 반성하는 일로부터 시작된다.

우리는 일본의 비겁한 '전후'를 지칠 만큼 많이 보아왔다. 그들은 기억해야 할 것은 망각하며 망각해야 할 것은 기억한다. 그러나 일본이 그런 자리에만 머물러 있다고 생각하면 오산이다. 『기억과 망각』의 필자들만큼은 과거를 극복하기 위해 철저하고도 뼈아픈 자기반성을 시도하고 있기 때문이다. 가령 그들은 법체계상 국적 조항을 편리하게 들먹이며 피해 국민들에게 배상을 거부하는 행태를 비판한다든지, 전범 재판 당시 천황에 대한 면책이 국민의 주체적인 전쟁 책임의식의 형성을 방해했다는 점 등도 밝혀낸다. 이런 노력들은 독일의 노벨상 작가 귄터 그라스가 나치 치하에서 지낸 소년기를 회고하면서 자신도 그때 나이가 많았다면 분명히 히틀러의 범죄행위에 가담했을 거라며 '짓지 않은 죄'에 대해서까지 무조건적인 반성을 보인 사실과 크게 다르지 않을 것이다.

베트남전 당시 파월 한국군에 의한 민간인 학살이 문제되고 있는 지금, 역사상 한 번도 가해자의 자리에 서보지 않았다고 주장하는 우리가 과연 어떤 '전후의식'을 지녀야 할까, 새삼 생각해본다.

(2002년)

*부기 생각해본 결과, 최근 십여 년 사이 우리는 앞으로 우리 후손들이 떠맡아야 할 '전후'를 너무나 착잡하게 만들어왔다는 사실을 절감하게 되었다. 가령 이 땅을 찾아온 외국인 이주 노동자들과 외국인 신부들의 문제! '집 잘 봄. 도망가지 않음'! 아아, 이 야만의 '전후'를 내 아들이 책임져야 한다니!

_한 사학자의 육이오 일기 | 김성칠의 『역사 앞에서』

한 사학자가 있었다. 6·25가 터졌을 때 서울을 빠져나가지 못했다. 극단적인 좌우 이데올로기에 일정하게 거리를 두었던 그는 살길을 도모한다는 게 기껏 "조선 사람은 걸핏하면 피란하길 좋아하지만 피란하려면 서울이 제일"이라 했던 연암 박지원에 기댔던 것이다. 그의 우둔함은 난리통에서도 일기를 거르지 않았다는 사실로 분명해진다. 손바닥 뒤집어지듯 세상이 바뀌는 판국에 제 생각을 솔직히 드러내는 일기라니! 그런데 전쟁이 끝난 지 오십 년이 지난 지금, 그의 일기는 이 땅에서 참지식인으로 사는 일이 어떤 것인지를 깨닫게 해주는 감동으로 다가온다.

6월 27일: 시시각각으로 다가오는 대포 소리를 들으며 "오늘밤에 죽는 일이 있어도 숭업지 않게 깨끗이 죽어야겠다"고 다짐한다.

7월 3일: 공화국(북한) 국기를 그리기 시작한다. 그러면서 "아내와 서로 보고 멋없이 웃었다." 아침저녁으로 국기를 고쳐 그려야만 하는 신세를 자조했기 때문.

7월 20일: 인민위원회로 바뀐 학교에서 죽마고우를 만난다. 맹렬한 좌익 투사였던 벗은 어쩐 일인지 그를 모른 척한다. 다리가 후들거렸다. 그래도 그는 울지 않았다.

9월 10일: "인민공화국의 일 중에 제일 마음에 드는 것은 한글 전용이다." 그러나 그는 "창발성을 제고하자"라든지 "견결히 반대한다"라든지 하는 식으로 우리말을 훼손시키는 것에 대해서는 통렬히 비판한다. 북이 자랑하던 당대의 국어학자들과 문장가들, 즉 이극로, 이기영, 한설야, 임화, 김남천은 도대체 무얼 했단 말인가!

10월 10일: 인천상륙작전 이후 세상은 또 바뀌었다. "반장이 반원 명부를 적으랄 때도 일부러 '한자로 써야 합니다' 하고 힘주어 말한다. 괴뢰집단의 한글 전용에 대한 반동이 오지 않을까 걱정하였더니 아니나 다를까."

12월 4일: 중공군의 참전이 우려되자 신문에서는 원자탄을 쓰라고 성화를 부린다. 기가 막혔다. "아무리 사세가 다급하기로서니, 이는 동족상잔의 전쟁을 버르집음과 그 마음씨에 있어서 다를 바 없다."

12월 15일: "동족상잔의 전쟁을 일으켜서 마침내 외세를 끌어들이고, 그 결과는 외국 군대가 언제까지나 있어야만 마음이 놓이지, 그렇지 않으면 불안해서 견딜 수 없다는 이 나라의 몰골에 술이라도 억백으로 퍼마시고 얼음구멍에 목을 처박아 죽어버리고 싶은 심경이다."

『열하일기』를 번역하고 해방 직후 서울의 종이 값을 올렸던 『조선역사』를 지은 사학자 김성칠은 불행히도 이데올로기의 희생자가 되고 말았지만, 그가 남긴 '6·25일기'는 이데올로기의 시대를 접고 새로운 통일을 맞이하기 위해 우리가 무엇을 해야 하는지, 참으로 뜨거운 숨결로 가르쳐준다. 남과 북이 전과는 전혀 다른 6월을 보낸 지금, 다시금 찾아 읽어야 할 책이다.

(2000년)

_인문학의 절멸 위기에 맞서 싸우는
한 동양사학자의 외로운 투쟁

| 김호동의 『황하에서 천산까지』

몇 년 전 중국에 갔을 때 남경대학에서 원나라 역사를 공부하는 후배에게서 많은 도움을 받았다. 마침 한여름이라 남경은 그야말로 불가마솥 같았다. 후배는 천장에 매달린 낡은 선풍기가 오히려 더위를 부채질하는 기숙사에서 책과 씨름하고 있었다. 학위를 따기 위해서는 몇 나라 말이 필수적이라고 했는데, 몽골어는 물론이고 페르시아어, 위구르어, 만주어 등 나로선 왼쪽에서 오른쪽으로 또는 위에서 아래로 써내려가는지조차 모르는 '해괴한' 외국어들이 대부분이었다. 더욱 한심한 것은, 그렇게 공부를 해봤댔자 한국에 돌아와서 시간강사 자리나마 잡을 수 있을지 불확실하다는 사실이었다. 아니나 다를까, 21세기로 접어들기도 전에 벌써 '인문학의 위기'가 닥쳐와, 우리는 이제 괴테를 가르치던 독문학과와 발자크를 가르치던 불문학과가 폐지된다든지 교양과목에서도 무조건 '성(sex)'이라는 말을 붙이지 않으면 '손님'이 들

지 않는다는 말을 심심찮게 듣는 처지가 되고 말았다. 재작년인가, 후배도 마침내 결단을 내렸다. 그는 지금 북경에서 무역업을 하고 있다는 소문.

김호동 교수의 전공이 바로 한국 인문학의 위기를 대변한다. 그는 세상을 거꾸로 살기 때문이다. 남들이 컴퓨터언어를 배울 때, 그는 러시아어, 페르시아어, 몽골어, 터키어, 위구르어 등을 닥치는 대로 배웠다. 그 결과 그는 중국의 가장 대표적인 소수민족들의 자치주, 즉 서장(티베트), 내몽골, 영하, 신강을 체계적으로 분석해낼 수 있게 되었다.『황하에서 천산까지』는 그 지역들에 대한 기행과 답사, 연구 성과를 집약하여 일반인들이 중국 내 소수민족의 역사에 쉽게 접근할 수 있도록 쓴 책이다. 역사 속에서 흔적도 없이 사라진 제국들, 유목적 삶의 자유를 박탈당한 채 지구의 변방에서 외롭게 살아가는 민족들, 그리고 달라이 라마, 마명심, 야쿱 벡, 칭기즈칸, 갈단, 아팍 호자 등 거대한 중국에 인접한 지역들을 무대로 풍운의 한 생을 살았던 사람들의 역사……

그러나 이 책이 고려에서 끌려간 기(奇)씨 성의 한 여인이 원의 마지막 황제 토곤 테무르의 황후가 되었다든지, 청나라 군대에 쫓긴 회족들이 한겨울에 고산병과 싸우며 눈과 얼음으로 뒤덮인 사천오백 미터 급 고개를 넘어 러시아로 탈주하고 중국 공산당 군대의 침략에 맞서 시체가 산을 이루는 처절한 항전 과정에서 달라이 라마가 국경을 넘어 탈주하는 일화 등으로 역사적 호기심만 자극하는 것은 아니다. 그는 이 책 전편을 통해 "주체가 되는 인간에 대한 공감이 없는 역사학은 결국 논리의 왕국 안에 쌓아올린 거대한 신기루 궁전에 불과한 것이 아니겠는가" 하고 끊임없이 되묻고 있기 때문이다.

열대야 때문에 잠을 못 이루는 밤, 사라진 제국과 민족, 그리고 영웅들의 흔적을 좇아 상상의 나래를 펴는 것도 썩 괜찮은 피서법이겠지만, 그 과정에서 인문학의 절멸 위기에 맞서 싸우는 한 동양사학자의 외로운 투쟁에 심정적으로나마 동참하게 된다는 것도 퍽 의미 있는 경험이 될 것이다.

(2000년)

_메추라기 합창을 한 번 듣기 위해
여섯 번쯤 어두운 새벽에 일어난다고 해도

| 알도 레오폴드의 『모래 군의 열두 달』

남북정상회담이 열린다. 분단 반세기 만에 열리는 이 회담을 이 땅에 사는 누구라서 감격으로 받아들이지 않겠느냐만, 글쎄, 이러다가 통일이 되면 그 동안 누린 것을 빼앗길까 두려워하는 일부 극우주의자들 못지않게 나 또한 통일이 두렵다는 사실을 고백해야겠다. 통일이 되는 그날로 무너질 저 아름다운 북녘 산하에 대한 걱정 때문이다. 묘향산 가든, 개성 골프장, 청천강 빌라, 개마고원 러브호텔…… 나는 도무지 그런 통일을 감당해낼 자신이 없다.

한때 휴머니즘이 지고의 가치라고 생각한 적이 있었다. 하지만 소로의 『월든』을 읽고 난 뒤 그 생각은 바뀌었다. 인간을 우주의 중심에 놓고 생각하는 순간, 다른 많은 것들의 존재가 무시되고 모독을 받으며 심지어 파괴될 수도 있다는 사실을 깨달았기 때문이다. 그렇다고 나는 돼지고기를 먹지 말자거나, 풀도 먹지 말고 백이숙제처럼 조용히 죽는 것이야말로 인간의 도리라고 과격하게 주장할 용기는 없다. 환경문제를 파고들다보면 부딪히게 되는 이런 종류의 난감함 때문에 나처럼 이러지도 저러지도 못하는 어정쩡한 환경론자들이 생기는지도 모르겠다.

『월든』과 더불어 20세기 후반의 생태주의자들에게 엄청난 영향력을 끼쳤다는 『모래 군의 열두 달』은 이렇듯 휴머니즘에 대해 의심하지만 그럼 도대체 대안이란 가능한가 하고 회의하는 나와 같은 부류의 '인간'들에게 더없이 소중한 바이블이다. 이 책은 백이숙제론을 주장하는 대신 자연의 먹이사슬을 불가피한 것으로 간주한다. 따라서 생명공동체의 보전이 개별 존재의 이익에 우선한다는, 일견 과격한 '환경파시즘'적 사고를 내비치는 것으로 비판하는 이들도 없지 않은 모양이다.

그러나 "메추라기 합창을 한 번 듣기 위해 여섯 번쯤 어두운 새벽에 일어난다고 해도 충분한 가치가 있다"고 믿으며, "학의 소리를 들을 때 단순히 새소리를 듣는 것이 아니라 진화의 오케스트라에서 트럼펫 소리를 듣는다"고 생각하며, "마치 사슴떼가 늑대에 대한 가공할 두려움 속에서 살듯이 산들도 사슴에 대한 끔찍한 두려움 속에서 살지는 않나" 하고 지극히 균형잡힌 생태인식을 하는 지은이가 어찌 파시스트일 수 있겠는가.

나는 자연에 대해 이렇듯 아름답게 묘사한 글을 본 적이 없다. 그 아름다움은 자연에 대한 지독한 애정 없이는, 그리고 이제까지 우리가 받아온 "교육이란 다른 것을 보지 못하는 대가로 한 가지를 보는 법을 배우는 것"이라는 철학 없이는 불가능하다.

환경문제의 대안은 무엇인가. 평생을 숲과 더불어 산 지은이는 다만 "어느 고요한 밤, 야영장 모닥불이 잔잔해지고 황소자리의 별무리가 바위 벼랑 위로 솟았을 때, 조용히 앉아서 늑대 울부짖는 소리를 들으며 당신이 보았고 이해하려 했던 모든 것에 대해 깊은 명상에 잠겨보라"고 말할 뿐이다. 사실, 그것이면 충분하지 않겠는가.

남북의 두 정상이 이 책을 읽는다는 보장만 해준다면, 적어도 통일 반대론자 한 사람은 줄어들 것이다.

(2000년)

_비트는 일의 즐거움

| 제임스 핀 가너의 『정치적으로 올바른 베드타임 스토리』

고약한 인간이 있다. '그 인간'은 이름을 내고 싶은 자신의 이기적 욕망을 채우는 동시에 경제적 자립을 통해 자본주의 사회의 한 가지 큰 미덕을 확인하고, 나아가 가능하다면, 반인간적 타성에 젖어 있는 인류의 계몽이라는 아무도 부여하지 않은 의무를 스스로 챙길 목적으로 책을 펴냈다. 물론 그 인간은 영리해서 '출판'이 정신적 차원의 문제라기보다는 지극히 냉엄하고 때로 천박하기까지 한 시장원리에 종속되어 있다는 사실을 알았지만, 그것만큼 확실하게, 미래의 후손에게서 잠시 빌려왔을 뿐인 지구의 환경에 나쁜 영향을 미친다는 사실도 잘 알고 있었다. 그건 콩기름 잉크를 사용하거나 폐지를 재활용해도 크게 달라질 리 없는 사실이었다. 그런데도 그 인간은 감히 책을 펴낸 것이다. 그것도 가장 고약한 방식으로!

제임스 핀 가너라는 작가가 얼마나 고약한지는 아무 데나 책을 펼쳐

보면 금방 알 수 있다. 「빨간 모자」에서 주인공 빨간 모자는 "어린 계집애가 이런 숲길을 혼자 다니는 건 위험"하다고 '충고'하는 늑대에게 꾸짖듯 말한다. "너의 그 성차별적인 말투는 참으로 불쾌하지만, 안 들은 걸로 하겠어. 너희 늑대들은 전통적으로 따돌림을 받아왔으니까, 그 스트레스 때문에 그런 세계관을 갖게 된 건 아주 당연해."

그 인간의 책은 '이런 세계관'으로 가득 차 있다. 동화라는 아주 아름답고 환상적인 울타리 속에서 수십수백 년 동안 평화롭게 지내오던 주인공들은 난데없이 뒤통수를 얻어맞았다. 백설공주는 이름부터 흰 것은 좋고 검은 것은 나쁘다는 편견의 희생자로 머물러 있어서는 안 되었고, 개구리왕자는 '왕자'로서가 아니라 "키가 작달막하고 정수리의 머리카락이 듬성듬성해진 중년 사내"로 주문에서 풀려나야 했다. 모든 주인공들이 죄 그런 식이다. 그러고도 작가는 제목을 감히 '정치적으로 올바른 베드타임 스토리'라고 붙였으니, 세상에, 어떤 엄마가(이것도 편견이다. 왜 꼭 엄마만 읽어줘야 하는가!) 제 아이에게 이런 책을 자장가 삼아 읽어줄 텐가.

하지만 유쾌하게 또 간단히 책을 다 읽고 났을 때, 독자들은 이런 식의 '비틀기'가 왜 의미 있는지를 저절로 깨닫게 될 터이다. '정치적으로 올바른'이란 단서가 자칫 언어의 유희처럼 보일지 모르지만, 하도 고약한 일을 많이 당해서 웃는 법도 잊어버렸다는 우리나라 독자들에게는 '웃음의 계몽'도 소중하다.

(1996년)

_길에 감동이 있으니 | 이호신의 『길에서 쓴 그림일기』

　　有홍준 교수의 『나의 문화유산답사기』가 나온 이후 전 국토는 그야말로 박물관이 되었다. 유명 관광지야 찾아가는 목적부터 다르니 그렇다 치고, 십 년 백 년이 가도 있는지조차 몰랐을 깊은 산속 낡은 암자까지 사람들의 발길이 이어지기 시작했다. 애써 찾아주는 마음이야 고맙지만, 오히려 그 때문에 겪는 불편도 한두 가지가 아니라고 하소연하는 이들마저 생겨났다. 어쨌든 "아는 만큼 느낀다"는 사실이 새로운 진리로 자리잡은 것만큼은 우리 문화의 앞날을 위해서 대단한 발전이라 하겠다.

　　글을 쓰는 사람으로서 그런 행렬에 섞여든 적이 제법 된다. 마련된 계획대로 졸졸 따라다니는 일이 때로 짜증스럽기도 했지만, 솔직히 그런 기회가 아니라면 근처에 들르고서도 허투루 지나칠 때가 비일비재하지 않은가.

게다가 내가 보지 않으면 '존재하지 않았을 것'이 문득 던져주는 경이! 그것은 꼭 찾아가는 목적지에서 느끼는 감동만은 아니다. 가는 길 어디쯤에서 난데없이 챙기게 되는 가외의 소득일 때가 적지 않다. 이미 절판된 줄 알았던 책에서 나오는 인세처럼. 그 대상도 가지가지다. 긴 여행 도중 잠깐 들른 휴게소에서 맛보는 옛 맛이라든가, 산길을 잘못 접어들었을 때 차창 밖 저만큼에 나타나는 어둑한 산등성의 굴곡, 이른 새벽의 산책길을 감싸도는 물안개, 옷깃에 묻어나는 이슬방울, 하다못해 길가에 아무렇게나 버려져 있는 돌멩이 하나까지 따져보면 참으로 흔한 게 또 감동이겠다.

그렇다고 아무나 쉽게 감동에 취하는 건 아니다. 감동은 감동할 마음의 자세를 갖춘 사람에게 훨씬 자주 나타나는 법이다. 이호신의 『길에서 쓴 그림일기』를 보면 그가 얼마나 그런 감동에 '무방비상태'인가를 알 수 있다. 그는 별별 자잘한 데서 다 감동을 느낀다. 별, 꽃, 풀, 새, 벌레, 하늘, 산. 말하자면 세상천지가 다 감동의 대상이다. 그는 부지런히 일어나 부지런히 버스에 올라타서는 부지런히 눈길을 돌린다. 그 눈길은 곧 세상에 대한 새로운 개안이다. 낯익은 것이 놀랍도록 신선해지는가 하면, 낯선 것이 엄마 품처럼 포근해지기도 한다. 그는 그렇게 얻는 감동을 그림으로 옮긴다. 당연히, 그의 한국화 속에서는 모든 것이 당장 종이 밖으로 뛰쳐나올 듯 생생하다. 사람은 더더욱!

지금 답사여행을 떠나보시라. 그러면 일행으로부터 슬쩍 비켜선 자리에 쭈그리고 앉아 당신의 모습을 부지런히 스케치하는 한 사람의 '철학도'를 만날 수 있으리라.

(1997년)

_인생의 연주자들을 위하여 | 송영의 『무언의 로망스』

집을 나설 때만 해도 희끗희끗 새치눈이었다. 그러던 것이 톨게이트를 지나 고속도로로 접어들자 눈발은 이미 주먹만큼 커져 있었다. 와이퍼가 쉴새없이 훔쳐냈지만 어림도 없었다. 차창은 온통 흰 눈에 덮여버렸다. 버스는 마치 눈 바다 폭풍 속을 헤엄쳐가듯 엉금엉금 기기 시작했다. 얼마나 지났을까. 내 귀에 갑자기 음악이 들려왔다. 처음에는 아주 먼 곳에서 들려오는 기적 소리 같았는데, 그것이 조금씩 크고 또 빨라지는 것이었다. 눈을 감고 그 음들을 따라가기 시작했다. 날개가 달린 듯 내 몸은 하얀 눈세계 위를 거침없이 날아갔다. 나는 자유였다. 완벽한 자유. 절대적인 것. 아무것도 내 앞을 막지 못했다. 어느새 나는 주르륵 눈물을 흘리고 있는 내 자신을 보고 말았다.

얼핏 도경계 표지판이 보였다. 눈은 벌써 그쳐 있었다. 버스는 이제 시간을 맞추기 위해 속도를 올리기 시작했고, 나는 다시 얌전한 승객으로 돌아왔다. 그렇지만 조금 전 받은 엄청난 충격에서 쉽게 헤어날 수 없었다. 귓가에는 내가 들었던 음악의 여운이 여리지만 아주 또렷하게 남아 있었다. 나는 그것이 물결처럼 오래오래 내 마음에 퍼져나가기를 바랐다.

그것, 바흐의 〈아다지오〉.

어떻게 자신할 수 있는가. 그 곡을 한번 들어보기라도 했는가.

천만에, 나는 특히 고전음악에는 백지와 다름없다. 부끄러운 고백이지만 내 귀로 가려낼 수 있는 것은 베토벤의 "콰과과쾅" 한 대목뿐이다. 도대체 나라는 인간은 뮤즈하고는 철저히 담을 쌓고 살아왔던 것이다. 그런데도 어떻게 감히 장담하는가.

그건 눈보라치는 봄날 모스크바의 어느 허름한 하숙집에서 소설가 송영이 들었던 바로 그 곡이기 때문이다. 나는 그가 왜 멀고 낯선 그곳까지 가야 했는지, 따라서 그가 왜 1925년과 1927년 사이의 카잘스에게 경의를 표하려는지도 알게 되었다. 그때 그는 더없이 행복했다. 가장 고통스러운 순간이야말로 가장 행복한 순간이라는 말이 억지가 아니라면!

『무언의 로망스』는 문단에서 음악애호가로 유명한 그 송영이 글로 쓴 음악이다. 책을 펼치는 순간, 당신은 음악에 대한 당신의 무지를 부끄러워할지도 모른다. 그러나 책을 덮는 순간, 당신은 당신도 모르는 새 당신 가슴 깊은 곳에 숨어 있던 '음악의 천재'를 찾아내곤 새삼 탄성을 지를 것이다. 사실, 모든 사람은 다 제 인생의 연주자가 아니던가!

(1996년)

_한 월북 지식인에게 눈길을 | 김용준의 『근원수필』

평양 순안공항에서, 만수대 영빈관에서 대한민국의 김대중 대통령과 조선 민주주의 인민공화국의 김정일 국방위원장이 손을 꼭 잡았다. 분단 오십오 년, 그 철옹성의 빗장을 여는 일이 마침내 시작된 것이다. 나는 투정을 부릴 수 없었다. 환경이 파괴된다고 통일을 서두르지 말자고 했던 투정, 취소한다. 김구 선생 말대로, 함석헌 선생 말대로, 장준하 선생 말대로, 문익환 선생 말대로, 통일은 그것 없이는 우리가 '제대로' 살 수 없는 어떤 것이기 때문이다.

제대로 사는 것, 그 속에는 잊혀진 예술가들을 찾아내는 일도 포함된다. 80년대 후반 해금조치를 통해 많은 작가들이 우리 곁으로 돌아왔다. 그들을 풀어주면 당장 무슨 변고라도 생길 것 같이 반대하던 이들의 우려와는 달리 아무런 '불상사'도 일어나지 않았다. 오히려 한국문학사의 상당한 질적 승화가 이루어졌다. 백석과 이용악이 없는 시문학사,

이태준과 홍명희가 없는 소설문학사를 어찌 온전하다 할 것인가. 문학적으로야 그들과 비길 것은 아니지만, 서울대 미대 학장을 지냈으며 미술평론가이자 화가인 근원 김용준의 『근원수필』이 우리 곁으로 다가온 것도 다 그런 해금조치의 결과였다.

김진섭, 이양하, 피천득 등의 수필은 이미 교과서에서도 보았으니 논외로 치고, 김기림이며 정지용, 이태준의 수필 또한 만만치 않다는 사실을 선배 작가들의 입을 통해 들은 바 있었다. 김용준의 『근원수필』도 이에 못지않음은 책머리에 실린 민영 시인의 감동 어린 글만 보아도 알 수 있다.

김용준은 특별히 화려한 문체를 자랑하지는 않는다. 내용도 무엇 특별할 게 없다. 『근원수필』에서는 저자 김용준의 '월북의 조짐' 같은 것은 전혀 찾아볼 수 없다. 그저 일상의 세목을 잔잔하게 그려내고 있을 뿐인데, 그 잔잔함이 요즘같이 비틀고 뒤집고 억지수를 써야만 겨우 존재를 인정받는 세태에서 오히려 적잖은 감동으로 다가온다. 아내의 지청구를 받으면서까지 두꺼비 연적을 구한 이야기라든지, 벗에게 판 집이 불뚝불뚝 값이 뛰어도 배 아파하기는커녕 벗이 미안해하며 보내준 몇 푼의 사례에서 진한 우정을 느낀다든지 하는 이야기 등이 그것일 터. 게다가 그의 전공분야에 관련된 글, 예를 들어 조선시대 최대의 기인 화가 최칠칠(최북)이라든지 겸재 정선, 오원 장승업, 추사 김정희 등에 대한 산문 같은 것은 우리 미술에 대한 새삼스러운 관심까지 덤으로 불러일으킨다.

한 권의 조촐한 수필집에 이런저런 군더더기 말을 붙일 것 없다. 남북정상회담의 감격이 식기 전에 월북한 한 지식인에게 눈길을 던져보는 것도 무척 의미 있는 경험이 될 것이다.

(2000년)

_잃어버린 총체성을 찾아서 | G. 루카치의 『소설의 이론』

Happy are those ages when the starry sky is the map of all possible paths!

"하늘에 떠 있는 별을 보고 길을 찾을 수 있던 시대는 행복하였노라."

무슨 뜻인가.

청년은 첫 장 첫 줄부터 숨이 탁 막혔다. 영어라면 어느 정도 자신이 있었는데, 이건 차원이 전혀 다른 글이었다. 숨을 가다듬고 다시 읽는다. 천천히, 달콤한 주스를 혀끝으로 음미하듯. 그러나 무언가 잡힐 듯 잡힐 듯 그려지던 이미지는 안개처럼 뿌옇게 흐려지고, 청년은 그 안개 너머로 불쑥 솟아오르는 절벽을 본다. 아득함. 마치 망망대해에 의지할 아무것도 없이 홀로 내던져진 듯한 느낌.

1980년 여름이었다.

분명한 건 아무것도 없던 그 여름…… 수배에서 풀려난 청년은 벗이 보낸 엽서를 받고 서울로 올라갔다. 합수사 요원들이 정해준 주거 공간을 벗어난다는 게 가시처럼 걸렸지만, 벗들이 몹시 그리웠다. 어떻게들 지냈을까. 살아 있다는 것. 그 사실만이라도 확인하고 싶었다. 아니, 아무것도 확인하고 싶지 않았다. 그저 벗들, 보고 싶었을 뿐이었다. 경복궁에 다원이라는 카페가 있었다. 벗들이 모여 있었다. 생각만큼 반가움을 표현할 수 없었다. 잘 지냈니? 그렇지, 뭐. 지극히 뻔한 안부들. 벗 하나의 눈가에 검은 멍이 선명했다. 그건? 이거? 그렇지 뭐…… 청년은 더 묻지 않았다. 살아돌아온 것만 해도 어딘가. 청년은 이제 벗들과 함께 책을 펼쳐들었다.

루카치의 『소설의 이론』.

거기에는 남도의 학살 같은 건 없었다. 지하실에서 이루어졌다는 잔인한 고문 같은 것도 없었다. 온갖 흉흉한 풍문, 인간을 야만으로 만드는 권력에의 의지도 없었다.

> Everything in such ages is new and yet familiar, full of adventure and yet their own. The world is wide and yet it is like a home, for the fire that burns in the soul is of the same essential nature as the stars; the world and the self, the light and the fire, are sharply distinct, yet they never become permanent strangers to one another;

for fire is the soul of all light and all fire clothes itself in light

강독을 맡은 벗이 조심스레 말을 꺼냈다.
"앞뒤 문장이 기막힌 대비를 이루고 있어."
청년과 이른바 '문학사회학회'의 다른 구성원들은 목구멍 아래로 마른침을 삼키면서 벗을 가만히 바라보았다. 그의 등뒤로 땡볕이 쏟아내는 불화살이 팍팍 꽂히고 있었다. 어디선가 쓰르라미가 울고 있었던가.
아무것도 분명한 게 없던 1980년 여름이었다.

루카치의 『소설의 이론』을 처음 접했던 것은 1979년쯤이었을 것이다. 이런저런 문학이론서를 읽다보면 깔끔한 길바닥에 박혀 있는 돌부리처럼 루카치라는 이름이 튀어나왔다. 루마니아 출신의 문학이론가 루시앙 골드만이 쓴 책을 읽었는데, 그는 아예 루카치를 모르면 문학을 모르는 것처럼 썼다. 그러나 누구 하나 루카치라는 인물에 대해서 아는 사람이 없었다.
어느 날 누군가가 풍문으로만 존재하던 루카치를 눈앞의 현실로 끄집어내는, 그야말로 경천동지의 사건을 일으켰다. 광화문에 있는 민중서림에서 『소설의 이론』 영어판 복사본을 구해온 것이었다. 한 권의 책이 한 인간, 특히 하루에도 백 번쯤 꿈을 키웠다가 접고 접었다가 키우는 젊은 영혼에게 어떤 영향을 끼칠 수 있을까. 나는 그날부터 무조건 루카치의 노예가 되었다.

『소설의 이론』은 소설 창작의 이론을 다룬 책이 아니다. 그보다는 소설이란 게 도대체 무엇이며 인간이 꾸려내는 역사와는 어떤 상관이 있는지, 근본적인 질문을 던지고 그에 대해 철학적인 사유로써 접근해들어가는 책이다.*

헤겔의 미학을 계승한 루카치는 근대 시민사회에 대응하는 대서사 양식을 소설로 보았다. 그는 고대사회의 대서사 양식인 서사시가 고대인의 삶을 선험적 총체성으로 그렸다면, 소설은 근대 부르주아사회의 개인주의적이고 산문화된 일상을 나타내준다고 했다. 다시 말해 소설은 자본주의 시대의 산물이다. 인간은 이미 '형이상학적 지붕'(선험적 총체성)을 상실했으며, 이제 비가 와도 비를 그을 데가 없는 새로운 운

---

* 루카치의 소설이론의 핵심적인 문제의식은 왜 소설이 자본주의 사회에서 지배적인 장르인가, 소설의 구체적인 형식 문제는 어떻게 설명될 수 있는가 하는 점에 집중되어 있다. 루카치는 자본주의 사회의 양면적인 성격, 즉 중세의 봉건사회와 비교해볼 때 보다 많은 '인간의 해방Emanzipation der Menschen'을 성취했다는 점과, 그럼에도 불구하고 자본주의 사회에서 야기되는 '소외Entfermdung'와 '물신 숭배Fetischismus'는 이러한 인간 해방의 전면적인 발전을 저해한다는 점에 근거해서 소설이론을 구축한다. 소설은 확보된 인간 해방을 근거로 해서 예술적 총체성을 구현함으로써 자본주의 사회의 소외와 물신화를 극복할 수 있다는 점에서 지배적인 장르가 된다. 따라서 소설의 형식 문제는 이러한 총체성의 달성이라는 목표를 실현하기 위한 문제가 된다. 이렇게 루카치가 문학의 사회적 의미를 엄격히 묻는다는 점에서 그의 소설이론은 소설 그 자체의 내부 구성에 집중하는 제 이론과 구분되지만, 그렇다고 해서 루카치의 이론이 단순히 문학과 사회의 연관을 양자의 비교 서술에 국한시키는 사회학적인 제 이론의 하나로 수렴되는 것은 아니다. 루카치에게 중요했던 것은 소설이 자신의 발생의 토대가 되었던 자본주의를 극복하는 데에 기여함으로써 자신의 휴머니즘적인 사명을 완수할 수 있을 것인지의 여부였다.(이진숙, 「루카치의 소설이론에 대한 비판적 고찰」, 서울대 독문과 석사학위논문, 1994)

명에 처해진다. 그리스 로마 시대가 보여준 주관과 객관의 행복한 조화라든지, 중세 암흑기가 인간의 주체적 사유를 저당잡은 대신 개개인에게 제공했던 신앙 속에서의 무조건적 안락은 더이상 존재하지 않는다. 소설은 이러한 상실의 경험을 그려낼 수 있는 유일한 서사 장르로서 존재한다. 하지만 인간이 과연 '삶의 원초적인 고향'으로 되돌아갈 수 있을까. 그런 일이 가능할까.

루카치는 불가능하다고 단언한다. 그렇지만 또한 바로 그 점 때문에 소설이 존재하게 되는 것, 즉 소설의 슬픈 운명이 존재하는 것이라고 말한다.

"여행이 끝나자 길은 시작되었다."

후기 루카치를 기억하는 사람들은 젊은 루카치의 이런 접근 태도를 지극히 관념주의적이라고 비판한다. 사실 루카치 자신도 『소설의 이론』 서문을 거듭 써가면서까지 스스로 냉혹한 비판을 가한다. 그렇지만 훗날 그가 아무리 역사적 유물론에 심취하고 세계사적 혁명에 이론적, 실천적으로 가담하려는 열망을 보여준다 하더라도, 『소설의 이론』이 보여주었던 저 황홀한 관념의 유아세례만큼은 완전히 벗어던지지 못한다. 결국 『소설의 이론』은 시대와 행복하게 일치할 수 없지만 어떤 경우든 그 시대 속에서 살아갈 수밖에 없다는 스스로의 존재조건을 너무도 명백하게 인식하고 있는 한 비판적 지식인의 고뇌, 바로 그것이라 하겠다.

책은 쉽지 않다. 나는 『소설의 이론』을 이제껏 스무 번도 넘게 뒤적거렸지만, 아직 한 번도 통독하지 못했다. 그래도 자신 있게 이 책을 권하는 것은 이 책이야말로 유신독재와 광주학살의 악몽 속에서 고통받던 내 젊은 날의 영혼이 고스란히 투영되어 있기 때문이다. 그때 내가 『소설의 이론』을 읽으며 꿈꾸었던 총체성, 삶의 완벽한 총체성은 신자유주의와 닷컴의 압도적인 공세가 이루어지고 있는 지금, 정녕 꿈을 꾸는 것조차 불가능한 것일까.

(2000)

침략자의 시간에서 인간의 시간으로

| 반레의 『그대 아직 살아 있다면』

지난해 부산국제영화제에서 베트남이 반짝 화제를 모았다. 초청작 중 유일한 베트남 영화였던 비엣 린의 〈메 타오〉에 대해 베트남 정부가 프린트 반출을 금지했기 때문이다. 이 작품의 주연 배우가 〈위 위 솔저스〉라는 할리우드 영화에 출연해 베트남인의 명예를 실추시켰다는 이유였다. 한국에서도 상영된 〈위 위 솔저스〉는 베트남전 당시 삼백구십오 명의 미군이 이천여 명의 월맹군과 벌인 전투에서 거둔 승전 기록을 바탕으로 만든 영화로, 베트남 정부는 이 작품이 사실을 심각하게 왜곡했다고 비난했다. 감독과 영화제 조직위는 탄원서를 제출했으나 끝내 거부당했다.

이 사건은 현 단계 사회주의 베트남의 문화정책 수준을 보여주는 증거라고 볼 수 있다. 이유야 어쨌든 '표현의 자유'가 침해당한 사례이기 때문이다. 그러나 베트남인의 명예를 실추시켰다는 항변에도 귀를 기울일 필요가 있다. 전쟁이 끝난 지 이미 삼십 년 가까운 세월이 흐른 지금, 베트남 정부의 공식 입장은 "과거를 접고 미래를 향해 나아가자"이다. 전쟁의 최대 피해자로서 할 수 있는 가장 정중한 자기 정리인 셈이다. 단 한 가지 예외라면, 끔찍한 전쟁을 치러낸 베트남인의 명예 훼손만큼은 결코 받아들이지 않겠다는 것. 영화는 영화로만 봐야 한다는 비판은 그들에게 아직은 지적 사치로 비칠 것이다.

베트남인들의 명예는 천황을 위해 목숨을 버린 가미카제 특공대의 명예와 전혀 다르다. 그것은 또한 전장에서 돌아온 뒤 따돌림을 받는 람보가 분노로 폭발시킨 명예와도 다르다. 나아가 한국의 참전용사들이 베트남전 당시 민간인 학살이 문제될 때마다 거론하는 명예하고도 다르다.

솔직히 우리 역시 이제껏 그들의 명예에 대해서 진지하게 생각해본 경험이 얼마나 되는가. 아직도 우리의 기억 속에는 귀신 잡는 해병이 총을 들이밀자 땅굴 속에서 벗은 몸을 반쯤 드러내며 살려달라고 비굴하게 웃던 베트콩의 이미지가 지배적이다. 〈대한늬우스〉에서 끝없이 반복되던 그 이미지는 훗날 할리우드 영화를 통해 조금은 달라졌다. 그러나 그것은 훨씬 비도덕적인 것으로, 베트남 병사들은 정규군이건 베트콩이건 미군 포로들을 짐승처럼 다루는 이미지가 주종이었다. 이성이나 영혼은 오직 참전 GI에게만 있었다. 그들만이 전쟁 자체에 대해서 고민할 줄 아는 유일한 존재였다. 미군이 스스로 시작한 야만적 전쟁에 대해 눈물로 참회할 때, 베트남 병사들은 거친 억양의 욕설만 뱉어내는 야만인으로서 전쟁의 한 풍경을 구성해야 했다.

이런 중세적 사유가 만연한 상황에서 연전에 소개된 바오 닌의 장편소설 『전쟁의 슬픔』은 하나의 문화적 충격이었다. 주인공 끼엔은 첫 장면부터 "불안하고 불편한 잠 속"을 헤맨다.

> "자정 무렵 가늘고 약한, 마치 안개와 같은 부슬비가 소리도 없이 내렸다. (……) 가방에는 전사들의 유골이 가득 들어 있었다. (……) 끼엔은 몸을 떨었다. 그는 불안하고 불편한 잠 속을 떠다니며 간간이 몸을 뒤척였다. 길가의 시냇물은 세월의 흐름을 닮은 듯 아주 세차게, 그리고 구슬픈 신음 소리를 내며 흘렀다. 밖과 마찬가지로 끼엔의 잠 속도 어둡고 후텁지근했다."

불안하고 불편한 잠이라니!

그것은 바로 근대적 시간을 관통한 문명인들의 전유물이 아니었던가. 그런데 그들 역시 불안하고 불편했다고? 〈플래툰〉이나 〈디어 헌터〉의 주인공들이 보여주는 정신분열증에 익숙했던, 그리고 안정효나 박영한의 주인공들이 귀국 후 겪는 정신적 상흔에 익숙했던 우리에게 끼엔의 존재는 무척 낯설었다. 그것은 아마 베트남인들도 '말'을 한다는 사실을 비로소 인정해야 했기 때문일지 모른다. 알아듣지도 못할 거친 억양의 욕설이 아니라, 자신의 존재에 대해, 그리고 자신이 처한 상황에 대해 의식적이든 무의식적이든 분명하게 관계하고 개입하는 말!

반레의 『그대 아직 살아 있다면』은 이런 점에서 또하나의 이정표로 기록될 것이다. 그의 소설로 우리는 6성의 베트남어가 지닌 문화적 힘을 새롭게 인식할 수 있게 되었다.

이 소설은 내용상 작가 반레가 바오 닌과 마찬가지로 청춘을 바쳐 치러낸 전쟁의 기록이다. (반레는 1966년 함께 입대한 삼백 명 중 종전 때까지 살아남은 다섯 명 중 하나였다) 북베트남 출신의 고등학생 응웬꾸앙 빈(이하 빈)은 전쟁이 일어나자 자원 입대한다. 그리고 호치민루트를 따라 남하하면서 무수한 전투를 치러낸다. 마지막에는 사이공 강가까지 진출하는데 거기에서 사랑하는 여인 칸을 잃고 자신도 죽고 만다.

소설의 줄거리는 단순하다. 그러나 독후감은 그리 녹록하지 않다. 입대해서 전사할 때까지 파노라마처럼 전개되는 빈의 행로를 따라가는 동안, 곳곳에 지뢰처럼 숨어 있는 낯선 장면들과 마주치기 때문이다. 예를 들어 이 소설에서는 북베트남군 내부에 존재했던 비리와 갈등이 적잖은 비중을 차지하고 있다. 우리로서는 거의 처음 접하는 소재일 것이다. 소설에는 부대 내 동료 여성전사를 성의 도구로 농락하다가 잔인하게 살해하는 파렴치한 견습의(그는 서열도 높은 당원이다)까지 등장한다. 또한 부소대장 부이반꼼 상사가 학생 출신 빈에게 보여주는 질투라든지 부대 내 당 정치국원의 관료주의적 허세와 오만(그는 부대원들이 헬리콥터를 한 대 격추시켰는데도 두 대라고 강변한다. 그것이 자신의 정치적 의무라고 착각하는 것이다), 그리고 후임 소대장의 당에 대한 일정한 비판 등은 이 소설을 단순한 참전기와 구별짓는 중요한 요소로서 작용한다.

특히 후임 소대장 따구앙론의 다음과 같은 말은 작가의 세계관까지 대변하는 것으로 읽힌다.

"나는 당에 들어갔다가 탈당해버렸어. 솔직히 좀 지겨워졌어. 나는 당 바깥의 공산주의자로 살고 싶어."

그 이유를 그는 "각자의 역할을 형식화된 틀에 짜맞추려고 당의 이름을 파는 인간들을 또다시 만나게 될까봐"라고 덧붙여 말한다.

당 바깥의 공산주의자.

이것은 분명 작가 자신의 이데올로기적 선택을 반영하는데, 소설 전편에서는 철저한 휴머니즘으로서 그 모습을 드러낸다. 빈은 부대에서 먹다 남는 음식을 마을 사람들에게 전해주다가 징계위원회에 회부되기도 하며, 남베트남군 첩자들을 무심코 지나쳐보낸 자신의 실수 때문에 부대원들이 희생당했다고 괴로워하기도 한다. 또한 직속상관이 다 죽어가는 부인을 보러 갈 때는 규율을 어기면서까지 동행한다.

자본주의 사회에서만 살아온 우리의 문화적 감각으로 보면, 빈의 이러한 휴머니즘적 태도는 전쟁이라는 극한상황을 고려하더라도 지나치게 도덕적이다. ('도덕적'이란 말은 흔히 '도식적'이란 말이기도 하다. 왜냐하면 우리는 언제부턴가 작가의 도덕적인 태도가 오히려 문학을 망칠 수 있다고 생각해왔기 때문이다) 물론 이 소설에는 동지를 위해 자신을 희생하거나 이념을 위해 목숨을 초개와 같이 버리는 고전적 영웅은 등장하지 않는다. 지난 시절 한창 유행했던 사회주의 리얼리즘 소설 속에서 흔히 만나던 그런 영웅은 이제 그들의 고귀한 삶과는 상관없이 문학적으로는 불행한 전범으로 무시되고 있다. 이 소설에서 굳이 그런 영웅에 가장 근접해 있는 인물을 찾아본다면, 역설적이게도, 빈을 학생 소자산 계급이라며 비난을 일삼던 부이반꼼 상사 정도일 것이다. 그는 훗날 폭격 현장에서 생래적 헌신성을 유감없이 발휘한다. 그렇지만 작가가 이 소설에서 강조하는 휴머니즘은 그런 개별 장면들에서 드러나는, 말하자면 소재주의적 차원에 머물고 있지 있다. 소설을 다 읽고 나면 오히려 전쟁 당시 베트남인들이면 누구나 공유했던 끝없는 폐허와 같은 삶이 송두리째 침략자의 시간을 인간의 시간으로 전복시킨 유일한 요소라는 데 쉽게 동의할 수 있을 것이다. 사실 소설은 있는 그대로의 시간을 보여줄 뿐, 그 이상의 어떤 과장도 회피한다. 그러나 그것이야말로 이제껏 우리가 간과해왔던, 그렇지만 엄연히 존재했던 또다른 휴머니즘의 진정한 실체인 것이다.

어쨌거나 주제가 매우 분명하게 노출되어 있다는 점에서 보면 반레의 소설은 우리 독자들의 입맛에 그다지 신선한 예술적 풍미를 보태주지는 못할지 모른다. 우리 독자들은 이미 주제보다는 그 주제를 다루는 작가의 세련된 문체에, 그리고 뻔한 소재에서도 기발하고 독창적인 시각을 드러내는 작가의 능력에 더 많은 신뢰를 보내기 때문이다. 장엄한 기억의 서사였던 소설은 과거의 유물일 뿐이다. 그러나 반레는 우직하게도 여전히 기억이야말로 문학의 가장 큰 미덕이라고 생각한다.

세상에 잠시 들른 주인공 빈은 할아버지를 따라 시장에 갔다가 과거

자신의 상관을 만난다. 중위로 제대한 그는 지금 부평초를 팔아 근근이 살아간다. 그러면서도 그는 중요한 가치들이 점점 잊혀지는 세태를 한탄하고, 자신 또한 생에 찌들다보니 그런 점들을 제대로 챙기지 못한다고 반성한다. 빈은 "최소한 이 가난하고 고생스러운 사람만큼은 여전히 죽어간 벗들을 기억" 하고 있다는 사실에 감동을 받는다.

마지막 장면에서는 작가의 의도가 더 솔직하게 드러난다. 빈은 황천강으로 다시 돌아가면서 이렇게 말한다.

"저는 결코 망각의 죽을 먹지 않을 거예요. 가족과 고향, 절친한 친구들과 사랑하는 사람을 잊고, 제가 살아온 날들을 잊고, 인간의 삶에서 제가 받았던 그 아름다운 정감들을 모두 잊으면서까지 얻고 싶은 것은 없어요."

이 소설이 미군의 총탄에 맞아 죽은 빈이 저승으로 가기 위해 황천강에 나타나는 장면으로 시작하는 것도 작가가 기억을 얼마나 소중히 여기는가 하는 점을 입증한다. 미처 노잣돈을 준비하지 못한 빈에게 황천강의 사공 천년기는 자신에게 일어났던 모든 일을 기억해보라고 제안한다. 소설은 빈이 그의 말을 좇아 기억을 되짚어가는 과정을 고스란히 따라간다. 그렇지만 기억이란 얼마나 잔인한 것인가. 빈의 하소연에 천년기는 이렇게 말한다.

기억을 관통하지 않으면 결코 위안도 얻을 수 없다고.

이제껏 우리는 할리우드의 기억만을 유일한 것인 양 생각해왔다. 물론 그 기억 중에도 의미 있는 기억이 있을 것이다. 그러나 진정으로 의

미 있는 기억이라면 타자의 기억까지 감싸안지 않으면 안 된다.

이런 점에서 반레의 소설은 타자의 귀중한 기억인 동시에 잊고 있던 우리의 기억이기도 하다.

베트남인들이 바라는 행복은 아주 단순하다. 작가는 억울하게 죽은 여전사 꾸에지를 통해 이렇게 말한다.

"다시 사람이 될 수 있다면, 태양이 뿌려주는 햇살 속을 걸어다닐 수 있다면, 들판에 내리는 빗속에 흠뻑 몸을 적실 수 있다면, 하늘이 천둥번개를 치면서 산천을 흔드는 것을 다시금 볼 수 있다면 정말 행복할 것 같아요."

도무지 자신의 과거를 기억하려 하지 않는, 따라서 타자의 기억도 신뢰하지 못하는 '제국'이 지구의 운명을 좌지우지하는 지금, 베트남어는 이렇듯 소박하지만 당당하게 존재한다. 한국어가 이 소설 최초의 번역어라는 데 새삼 자부심을 느낀다.

(2003년)

_"거치적거릴 만큼 많은 기억"의 힘

| 에드워드 사이드의 『에드워드 사이드 자서전』

미국의 9·11 대참사 이후 많은 말들이 쏟아졌다. 물론 그 대부분은 야만적 테러에 대한 증오와 그럼에도 불구하고 인간애의 승리를 간절히 기원하는, 말하자면 상징적 범주에 속하는 것들이었다. 반면 미국 대통령 부시의 말은 한마디 한마디가 그대로 실체화된 권력을 의미할 수밖에 없었다. 그중에서도 압권은, "모든 국가들은 이제 우리 편에 설 것인지 아니면 테러리스트들의 편에 설 것인지를 선택해야 한다"고 한 9월 20일 워싱턴 의회 의사당 발언이었다. 그로부터 세계의 모든 나라들은 불안한 마음으로 학교 문을 나서는 초등학교 1학년 학생들처럼 부지런히 '줄서기'를 해야 했다. 세상이 결딴나도 미국(특히 본토)은 안전하다는 불문율이 깨진 데 대한 분노를 감안하더라도, 부시의 발언은 내게는 그것 자체로 또하나의 '테러'처럼 여겨졌다. 테러는 현실의 치욕과 모멸을 합리적인 수단으로는 해결할 수 없다고 판단해서 극단적

폭력에 기대는 속성을 지니기 때문이다.

그 와중에서 나는 개인적으로 한 사람의 '미국인'이 이번 사태에 대해서 어떤 반응을 보일지 궁금했다. 하지만 없는 게 없다는 인터넷을 통해서도 그의 말을 찾기는 쉽지 않았다. 어쨌거나 나는 그가 9·11 대참사 이후 부시가 보인 대응태도에 대해서 결코 동의하지 않으리라는 확신만큼은 갖고 있다. 왜냐하면 그는 미국인이기는 하더라도 생의 거의 전부를 이미 추방과 배제의 경험 속에서 보낸, 그런데도 "아무리 고립된 처지에 내몰린다 해도 민족적, 부족적 의식보다는 지성적 의식이 우선한다고 늘 생각"해온 사람이기 때문이다.

에드워드 사이드.

『오리엔탈리즘』의 저자로서 잘 알려진 그는 미국 9·11 대참사 이후 줄곧 내 의식의 밑그림 속에 적지 않은 비중으로 자리를 잡고 있다.

에드워드 사이드가 말하는 바 '오리엔탈리즘'이란 서양인의 경험 속에 동양이 차지하는 특별한 지위에 근거하는 것으로서, 역사적으로 볼 때 그것은 결국 "동양을 지배하고 재구성하고 위압하기 위한 서양의 스타일"(『오리엔탈리즘』, 16쪽)이었다. 그리하여 마법의 양탄자가 하늘을 나는 신비의 제국이든 여성들을 종처럼 부려먹기 위해 전족을 시키는 야만적 봉건제국이든 동양에 대한 서양인들의 의식은 현실세계에서는 곧 불평등한 권력관계로 환치되게 마련이었다.

이러한 언술에 기대면 우리에게 너무나 익숙한 많은 것들이 새로운 정체를 드러낸다. 예를 들어, 이제 우리는 냉전의 종식 이후 할리우드

블록버스터 영화에 등장하는 적대적 주인공들이 왜 부쩍 콧수염을 기른 아랍인들로 채워지기 시작했는지 그 배경을 좀더 논리적으로 이해할 수 있게 되는 것이다.

지난 세기 말에 치열하게 전개된 이른바 탈식민주의 논쟁은 『오리엔탈리즘』을 중심 텍스트로 삼아 전개되었다고 해도 과언이 아닐 정도였다. 물론 비판적인 시각도 적지 않았다. 예를 들어 호미 바바의 경우, "사이드가 식민권력과 담론을 식민지 지배자만 전적으로 소유했다"고 전제하는데 이는 일종의 "역사적 이론적 단순화"라고 비판했다(이경원, 「탈식민주의론의 탈역사성」, 『실천문학』 1998년 여름호). 이런 종류의 비판은 사이드가 자신의 이론 중 많은 부분을 푸코의 권력담론에 기대면서도 정작 그 이론의 핵심이라 할 수 있는 불연속성과 역동성의 개념은 무시했다는, 그리하여 결국 그가 비판하는 오리엔탈리즘의 단선적 시야를 본의 아니게 답습하고 있다는 비판이기도 할 것이다.

그런 비판을 일정하게 받아들인다고 해도 『오리엔탈리즘』은 이미 현대의 고전 반열에 올라 있는 게 현실이며, 따라서 암에 걸렸지만 아직 살아 있는 에드워드 사이드 또한 우리 시대의 가장 중요한 지성인 중 한 사람이라는 데 대해 이견은 크지 않을 것이다. 미국의 9·11 대참사 이후에는 문명충돌론의 새뮤얼 헌팅턴과 더불어, 그렇지만 그와는 전혀 다른 의미에서 또다시 주목의 대상이 되고 있다.

에드워드 사이드는 아랍계 미국인이다. 그렇지만 그의 지적 성장과정에 대해 흥미를 느낀 독자가 『에드워드 사이드 자선전』(원제: Out Of

Place)을 찾는다면, 처음에는 무척 당혹해할지 모른다. 왜냐하면 거기에는 복면을 두른 아랍 게릴라나 전쟁의 폐허 속에서 배고파 울거나 새총으로 장갑 탱크와 맞서 싸우며 보내는 어린 시절 같은 것은 없기 때문이다. 그의 책은 아랍계 지식인의 지적 배경에 대해 혹시라도 가질지 모르는 그런 식의 기대, 또는 선입견 자체가 또하나의 '오리엔탈리즘'이라는 사실을 확인시켜준다.

그의 아버지는 혈통은 물론 아랍인이었지만 제1차 세계대전 당시 미군으로 참전한 경력까지 지닌 미국인이었다. 게다가 개신교도였으며, 이집트의 수도 카이로에 문구회사를 차려 엄청난 부를 축적한 유능한 경영인이기도 했다. 그의 어머니도 영어를 아랍어와 함께 쓰는 인텔리 여성이었다.

이런 환경 속에서 태어나고 자란 한 아랍계 소년의 의식 속에 제일 먼저 형성된 것은 무엇일까. 그것은 "언제나 제자리에 있지 못하고 엉뚱한 자리에 잘못 놓여 있는 듯한 느낌"이었다. 그래서 그는 "아랍계 이름인 '사이드'에 억지로 짝지어진 영어식 이름인 '에드워드'에 익숙해지는데, 좀더 정확히 말하면 불쾌감을 좀 덜 느끼는 데에는 무려 50년 세월"(15쪽)이 걸렸다고 고백한다. 그는 또한 자신이 처음 입 밖에 낸 말이 아랍어인지 영어인지, 어느 언어가 진정한 모국어인지 알지 못하는 상태로 평생을 지내왔다. 그의 의식 속에는 늘 두 언어가 공존해왔던 것이었다.

팔레스타인 령 예루살렘에서 태어난 그는 소년 시절을 카이로에서 보낸다. 그렇지만 일반 이집트인들과는 완전히 격리된 별장지대, 즉 끝

무렵이기는 하지만 아직까지 식민 지배자의 지위를 잃지 않고 있던 영국인들의 거주지에서 초등학교를 다닌다.

    수업과 교과서는 모두 영국식이어서 우리를 어리둥절하게 했다. 책에는 목장과 성채와 존 왕과 앨프레드 대왕과 커누트 왕의 이야기가 나왔고, 선생들은 이 영국 왕들이 존경받을 만하다는 것을 끊임없이 우리에게 상기시켰다.(73쪽)

    소년 에드워드 사이드가 그들에게 완전히 동화된다는 것은 처음부터 불가능한 일이었다. 그는 자연스레 '문제아'가 되는데, 이후에도 학교란 대부분 배움의 터전이라기보다는 평균적인 아랍인들과 다른 조건에서 살 수밖에 없던 그에게 오히려 "식민지 지배와 광범위하게 접촉할 수 있는 기회"를 부여해준 곳으로 기억될 뿐이었다.
    물론 예외는 있었다. 그가 카이로의 아메리칸 스쿨을 거쳐 들어간 예루살렘의 성 조지 스쿨은 비록 도시 곳곳에서 가방을 뒤지고 의혹의 눈초리로 통행증을 조사하는 영국군 병사들의 바리케이드를 통과해야만 했더라도 난생 처음 친밀감을 느낀 학교였다. 무엇보다도 거기서는 아랍어가 일상언어였기 때문이었다. 그는 그 학교에서, 유일한 유대인이었던 한 급우를 통해 이후 중동지역을 지배하게 되는 현대사의 비극을 비로소 실감하게 된다.

내가 그를 마지막으로 보았을 때, 그는 길마루에 서서, 친구 서너 명과 함께 탈비야 쪽으로 천천히 걸어가는 나를 바라보고 있었다.(193쪽)

이 책에서 찾아볼 수 있는 가장 '서정적'일 이 장면은 결국 영국의 식민지배 이후 팔레스타인의 유대인과 아랍인 사이에 강요되는 무서운 침묵의 상징이기도 하다.

에드워드 사이드는 고등학교(영국의 이튼 칼리지를 본뜬 빅토리아 칼리지) 때 식민지배자의 간담을 서늘하게 만드는 '테러'를 용약 감행한다. 그는 자신이 주동이 되어 새로 부임한 영어 교사를 칠판 옆 소모품 창고에 가두고 일 회 관람료 오 피아스터를 내면 "포로 상태가 된" 그래서 "본연의 상태"에 있게 된 영국인을 구경시켜준다는 모의를 실행에 옮겨 성공했던 것이다. 그 일로 그는 난생 처음 정학 처분까지 받는다.

그후 청년이 된 에드워드 사이드는 미국으로 건너가 고등학교의 나머지 과정과 대학, 대학원까지 다니게 된다. 이 자리에서 그의 학교생활을 시시콜콜하게 되밟을 여유는 없다. 그렇지만 에드워드 사이드의 지적 성장에서 결코 빠뜨릴 수 없는 이 시기의 이야기에서 다음과 같은 언급만큼은 기억해야 할 것이다.

두 사람(아랍계 미국인 선생들)의 이런 태도("여기서는 아랍어를 쓰면 안 돼!")는 내가 이집트나 팔레스타인에서 몇 년 동안 영국인 교사들에게 수없이 잔인한 대우를 받았을 때 겪은 것보다 훨씬 미묘한 정신적

압력으로 작용했다. 이집트나 팔레스타인에서는 적어도 '그들'이 적이라는 사실을 알고 있었다. 그런데 마운트 허먼(고등학교)에서 현재 통용되고 있는 것은 '공통의 가치'("우리도 미국인이야!")였다.(379쪽, 괄호 안은 인용자 주)

나는 1951년 12월 초에는 이미 모든 사람들에게 '에드 사이드'라는 미국식 애칭으로 불리게 되었고, 거기에 대한 내 비애감은 점점 깊어졌다.(390쪽)

이것으로 물론 『오리엔탈리즘』의 저자 에드워드 사이드의 자서전 읽기가 끝나는 것은 아니다. 독자에 따라서는 이 자서전을 가부장적 지배 이데올로기를 유감없이 발휘하는 권위주의적 아버지(그를 '마초'라고 부르지 않으면 도대체 다른 누구를 그렇게 부를 수 있을까!)와 전 생애에 걸쳐 끊임없이 애증의 양 극단을 오가는 어머니, 그 둘 사이에서 방황하는 한 소년의 정신적 편력기로 읽는 것을 선호할 수도 있다. 반면 어쨌든 우리에게는 드문 경험일 수밖에 없는 이 아랍계 미국인의 자서전에서 현재 아랍세계와 이스라엘, 나아가 서구세계 사이에 깊게 드리워져 있는 모든 갈등의 흔적과 배경을 좇고자 한다면 책을 덮을 즈음 실망의 고갯짓을 하게 될지도 모른다. 그런 독자들은 아마 이스라엘 건국 이후 나라를 잃고 유랑의 신세가 된 팔레스타인 동포들을 위해 자신이 지닌 부를 아낌없이 배분하는 나바하 고모라든지 그녀를 헌신적으로 돕는 의사 하다드, 그리고 그의 아들이면서 역시 의사인 공산주의자 파리드에게서 어느 정도 '정치적' 위안을 얻을 수는 있다. 그러나 사실 이 책 속에서 정치적 박해로 죽는 거의 유일한 등장인물 파리드 역시 이스라엘이 아닌, 독립 이후 이집트의 혼란한 정치상황을 틈타 나세르가 퍼뜨린 국수주의적 민족주의의 희생자였다.

책을 읽는 내내 내게 가장 큰 호기심을 불러일으켰던 것은 그의 도저한 기억력이었다. 그는 비록 자신이 생애 최초로 사용한 말이 어느 나라 말인지는 몰랐지만, 자신의 일상을 스쳐지나간 모든 것들에 대해서 시시콜콜한 것까지 다 기억하고 있는 것처럼 보인다. 특히 아버지의 절대적 권위나 어머니가 변덕스럽게 내보이는 애증에 관해 묘사할 때면 마치 정신과 의사 앞에서 자신의 모든 것을 악착같이 기억해내야만 하는 환자를 보는 듯한 착각에 빠지게도 된다. 그렇더라도 정확히 말하자면 내 관심을 끈 것은 정작 그런 세세한 것까지 되살려내는 그의 비범한 기억력 자체는 아니다. 그보다는 오히려 복잡하기 짝이 없는 기억 속으로 세밀하게 파고들어가는 정신적 여행 자체가 마치 아랍인으로서 자기 정체성을 확인해주는 것인 양 서술하는 그의 태도였다.

그는 전교생 육백 명의 미국 마운트 허먼 고교 시절, 기숙사 생활을 하면서 미국인의 정체성에 대해서 나름대로 다음과 같은 판단을 내린다.

미국인에게는 깊이도 없고 여유도 없다는 느낌이 들었다. 팀 동료들은 익살스러워서 재미난 일화를 활기차게 이야기했지만, 그런 피상적인 대화는 결코 나를 만족시키지 못했다. 내가 같은 세대의 미국인들에게 아쉽다고 생각하는 것은 바로 다른 언어—주로 아랍어—라는 느낌이 항상 내 마음에 달라붙어 있었다. 나는 영어와 더불어 아랍어 속에서 살았고, 아랍어로 생각하고 느꼈지만, 그들은 아랍어를 전혀 몰랐다. 그들은 비교적 감정이 메말라 보였고, 자신의 태도와 반응을 말로 분명히 표현하는 데 거의 관심이 없는 것 같았다. 이것은 사람들을 동질적으로 만들어버리는 미국생활의 힘이었다. 영화와 신문과 만화 등에 등장하는 똑같은 텔레비전과 똑같은 유행과 이념의 획일성은 일상생활의 복잡한 교류를 최소한으로 제한하는 것 같았다. 반성이 없는 그 좁은 범위 안에서는 기억이 아무런 역할도 하지 못한다. 나 자신은 거치적거릴 만큼 많은 기억으로 가득 차 있는 듯한 느낌이 들었다.(386쪽)

이 대목을 확대 해석해서 미국인을 마치 저급한 동물인 양 비난하는 근거로 삼는 것은 스스로 열등감을 감추기 위해 존재하지도 않는 우월감을 발휘하는, 그것 자체로 또 하나의 저급한 행위일 것이다. 그러나 『오리엔탈리즘』의 저자가 쓴 이 자서전을 읽고 나서 내 머리에 가장 강력하게 남아 있는 것은 '저급해도' 어쩔 수 없이 바로 이 대목이었다.

"미국인에겐 기억도 없다!"

대저 기억이란 무엇인가.

그것은 우리 삶의 가장 부끄러운 부분마저도 더없이 소중한 경험으로 환치하는 정신의 반역이며, 어쩌면 참혹할 정도로 가난했을 우리 삶의 역사를 더없이 풍요로운 저수지로 만들어버리는 놀라운 기적이 아닌가. 그것은 어떤 경우에 개인이나 집단 모두에게 존재의 의미 그 자체이기도 할 정도로 강력한 힘을 발휘한다. 만일 그것이 없다면 우리의 삶은 얼마나 초라할 것인가. 기억할 만한 부끄러움도, 기억할 만한 자랑스러움도 없는 삶이라니!

그런데 미국의 부시 대통령은 미국의 수도 한복판에서 벌어진 테러의 충격에 분노한 나머지 아프가니스탄의 황량한 모래벌판에도 사람이 살고 있다는 너무나 당연한 사실을 기억하지 못하고 있다.

만일 그에게 소중한 기억들, 거치적거릴 만큼 복잡하고 많은 기억이 있다면(누대로 세습된 동양에 대한 '오리엔탈리즘' 이 아니라!) 도대체 타자의 존재에 대해, 그것이 비록 거친 사막에서 담요 한 장 없이 벌벌 떠는 삶일지라도, 그토록 오만할 수 있을까. 이 경우, 뉴욕 무역센터 쌍둥이빌딩에서 이유도 모른 채 죽은 수천 명의 희생을 들이미는 것은 오히려 그들의 죽음을 욕되게 하는 행동일 뿐이다. 삶의 기억이 풍요롭다면(부끄러운 기억이든 나쁜 기억이든 슬픈 기억이든 자랑스러운 기억이든 상관없이!), 그리고 그것을 기억해내는 행위로서의 '기억' 이 우리 인간에게 얼마나 귀중한 것인지 이해한다면, 테러의 원인이 어디에 있는지 진지하게 반성하지 않고 테러로 다시 응답하는 것이 얼마나 어리석은 행위인지 '육체적으로' 금세 알아차릴 것이기 때문이다.

어떻게 당신은 하늘을, 땅의 체온을 사고팔 수 있습니까. 그러한 생각은 우리에게는 매우 생소합니다. 더욱이 우리는 신선한 공기나 반짝이는 물을 소유하고 있지도 않습니다. 그런데 어떻게 당신이 그것들을 우리한테서 살 수 있겠습니까. 이 땅의 구석구석은 우리 백성들에게는 신성합니다. 저 빛나는 솔잎들이며 해변의 모래톱이며 어두침침한 숲속의 안개며 노래하는 온갖 벌레들은 우리 백성들의 추억과 경험 속에서 성스러운 것들입니다.(「신세계에 보내는 메시지」, 월간『대화』1977년 10월호)

이미 이백 년도 전에 한 서부 개척자들에게 마지막 땅 한 뼘까지 빼앗기게 된 수와미 족 인디언 추장 시애틀이 당시 미국 대통령 피어스에게 보낸 편지글이다. 아주 평범한 말이다. 우리 삶이 숱한 기억의 창고일 때 비로소 가치를 지니게 된다는 것. 그런데 지금 미국의 대통령은 그의 말을 기억이나 하고 있는 것일까?

나는 『에드워드 사이드 자서전』의 책장을 덮으면서 거세게 고개를 젓는다. 왜냐하면 부시는 WASP(앵글로색슨계 백인 프로테스탄트)의 이익을 결코 배반할 수 없는 계급적 한계를 지니고 있기 때문이다. 그리고 그 이익이란 겉으로는 애국심이니 민주주의니 청교도 정신이니 합리적 이성이니 해서 도덕적 수사나 권위로 위장되곤 하지만, 속살을 들여다보면 너무나 금방 그 위선의 가면을 벗어 보이기 때문이다.

가령 마운트 허먼 고교 시절, 테니스를 잘 치는 에드워드 사이드는 충분히 대표급 선수로 인정받을 만한 실력을 지니고 있었다. 그럼에도 불구하고 그는 결코 대표가 될 수 없었다. 그는 그 이유를 끝내 알 수 없었는데, 나중에 그가 알아낸 것은 고작 어떤 경우든 그것을 알아내기란 불가능하다는 사실뿐이었다. 그렇다면 이제 에드워드 사이드는 미국 사회에서 영원히 '배제된 인간'으로 만족해야 할 것인가?

천만에, 그는 단호히 결심한다.

> 그 과정에서 나는 도덕적 대리인을 자부하는 권력의 변덕과 위선을 폭로하려고 애쓰기 시작했다. 바야흐로 평생에 걸친 투쟁과 노력이 시작된 것이다.(380쪽)

나는 그 투쟁과 노력이 기억으로 시작해서 결국 기억으로 끝나리라는 믿음을 아직은 버리지 못하고 있다. 도대체 삶에 대한 기억보다 더 가공할 무기가 어디 있단 말인가!

(2001년)

* 부기 에드워드 사이드는 2003년 사망했다. 그리고 그해 미국은 기어이 이라크를 침공했다.

_진정한 주체로 서는 일 | 알리스 셰르키의 『프란츠 파농』

『자기 땅에서 유배당한 자들』이라는 책이 있었다. 나와 같은 얼치기 운동권에게 그 책은 하나의 통과의례였다. 다른 많은 책들, 예를 들어 『꽃도 십자가도 없는 무덤』이라든지 『어느 돌멩이의 외침』 『사이공의 흰 옷』처럼 밤새 읽고 벅찬 가슴으로 신새벽을 맞이해야 할 이른바 '필독서 목록'에 그 책도 끼어 있었다. 그런데 뜬눈으로 밤을 밝혔어도 내 가슴은 좀처럼 뜨겁게 달아오르지 않았다. 그 책은 타인과 신념을 위해 자신을 바친 혁명가의 초상이 아니었다. 누선을 자극하는 자기희생이라든지 험준한 산악지대를 넘나드는 전사들의 '고난의 행군'을 기대했던 나는 당연히 실망했다. 있는 것은 거의 전부 흑인들에 대한 정신분석학인 것만 같았다. 당시 감옥에 있던 시인 김남주가 번역했다는 사실, 그리고 제목이 주는 비장한 이미지가 오히려 실망의 골을 깊게 했을 것이다.

그뒤 『대지의 저주받은 자들』이라든가 프란츠 파농에 대한 소략한 평전을 읽으면서도 내 인상은 크게 바뀌지 않았다. 사실 그는 게바라처럼 직접 총을 들고 적과 싸운 게릴라는 아니었다. '아오 짱'처럼 하얀 아오자이 차림으로 자전거를 타고 다니면서 삐라를 뿌린 투사도 아니었다. 그 역시 알제리 민족해방전선(FLN)의 일원이었지만, 내 빈약한 상상력은 그를 블리다의 정신병원 바깥으로 쉽게 끌어내지는 못했다.

세월이 흘러 어느 시인의 말처럼 "혁명은 안 되고 방만 바꿔버린" 90년대 후반은 라캉과 알튀세르, 푸코, 들뢰즈 같은 프랑스 철학자들이 온갖 종류의 '헤겔주의자'들과 임무를 교대하는 과정이기도 했다. 포스트모더니즘 논쟁이야 그럭저럭 고개를 주억거리며 아는 체를 할 수 있었는데, 자다 깨보니 주변에서는 생뚱맞게도 포스트콜로니얼리즘을 논하고 있었다. 세상에, 때가 어느 때인데 탈식민주의라니!

그 와중에서 파농의 이름이 자주 등장했다. 가령 이런 식이었다.

제국주의를 비판한다면서 제국주의 언어를 쓰는 게 과연 올바른 태도인가. 케냐의 소설가 응구기 와 시옹고는 제국주의 언어 속에 숨어 있는 이데올로기가 아프리카 정신의 독립을 원천적으로 불가능하게 한다고 역설한다. 대부분의 식민지 출신 작가들이 영어나 프랑스어가 제국주의의 언어라기보다 이미 보편적인 의사소통의 수단이 되었다고 생각했지만, 그는 독자들을 포기할 각오로 뒤늦게 부족어인 키쿠유어를 선택했다. 이론가들의 설전은 더욱 뜨거웠다. 신식민주의는커녕 식민주의가 마지막으로 해체되던 세계사적 순간도 보지 못했던 파농이 새롭게 부상한 것도 이때였다. 그는 비록 "식민지 시대의 지식인이었지만 식민지 해방 이후의 제3세계가 처할 사회·문화적 곤경을 정확히 예견"한 드문 사례(이경원,「프란츠 파농과 정신의 탈식민화」,『실천문학』2000년 여름호 참조)였기 때문이다. 그렇다면 파농은 어느 쪽이었을까.

그는 자신이 활동하던 1950~1960년대 알제리에서 식민종주국의 언어인 프랑스어를 결코 포기한 적이 없었으며, 서구 의학에 대해 극도로 거부감을 보이던 알제리 민중을 자신이 프랑스에서 배운 의술로 적극 치료했다. 한마디로 그는 '폐기'보다는 '전유'의 편이었던 것이다. 그런데 이 경우 '전유'란, 예를 들어 그저 프랑스어의 실체를 인정했다는 뜻을 넘어 "기존의 언어를 해체하고 근육의 은유들을 바탕으로 재구성"한 언어를 새롭게 만들어냈다는 뜻으로 읽혀야 할 것이다. 이런 점에서 파농의 프랑스어는 '전유'라는 말보다 '탈취'라는 표현이 더 적절할지도 모른다.(507쪽)

알제리 해방투쟁 당시 동료 의사였던 알리스 셰르키가 쓴 평전『프란츠 파농』은 이미 기억의 창고에서 파농을 상당 부분 지워버렸던 나와 같은 이들을 새삼 부끄럽게 만든다.

알리스 셰르키는 거의 책의 5분의 4 정도를 1953년 파농이 알제리에 도착한 이후 시기에 할애하고 있다. 이를 통해 독자들은 파농이 책상맡에 앉아 있는 창백한 지식인이 아니라는 사실을 집중적으로 확인하게 된다.

파농은 블리다 정신병원에서 새로운 실험을 시도한다. 그것은 의사와 환자의 관계를 새롭게 설정하는 일이었다. 그때까지 주로 프랑스인이었던 의사들은 환자를 결코 한 사람의 독립된 인격체로 대하지 않았다. 수용, 분리, 감금, 격리가 그들에게 행해지는 치료의 대부분이었다. 당시 식민지 정신의학계를 지배하고 있던 것은 이른바 원시특성이론이었다. "원주민의 삶은 본래 식물적이고 본능적이며, 주로 간뇌의 지배를 받는다. '뇌 구조의 특수성, 혹은 신경 중심이 위계화하는 과정의 특수성', 즉 두뇌 발달의 열등함이 그들의 삶에 영향을 미친다"(178쪽)는 것이었다. 한마디로 북아프리카인들은 유럽인에 비해 열등한 유전자를 갖고 태어났다는 이론이었다. 파농은 처음부터 달랐다. 그는 "역사, 문화, 언어 지표들의 붕괴가 주체성을 침해한다"(194쪽)는 견해를 고수했는데, 이는 식민지체제가 알제리인 환자들의 정신질환 형성에 영향을 미친다는 것이었다. 이런 견해에 입각해서 파농은 자신의 환자들에게 철두철미하게 사회요법을 실시했다. 그것은 "단지 병원제도를 인간화하는 것일 뿐만 아니라, 고통받는 주체가 스스로를 표현할 수 있는 사회조직을 돌보는 사람들과 환자들이 함께 만들어냄으로써 병원을 진정한 치료의 장으로 만드는 것"(181쪽)이기도 했다.

파농이 힘을 기울인 또 한 가지 일은 저술이었다. 그는 자신의 경험을 바탕으로 식민지배를 비판하는 글을 쉬지 않고 써나갔다.

파농은 해방을 위한 투쟁이 피지배자인 알제리인들의 사생활 영역에 큰 충격을 주면서 급진적인 변화를 가져온다고 생각했다. 그는 알제리 여성들의 베일을 예로 든다. 식민지배 초기에 알제리 여성들이 베일을 쓰는 전통은 그것을 벗기고 싶어하는 식민지 유럽인들의 의도에 반하여 오히려 더욱 강화된다. 그러던 여성들이 해방투쟁이 전개되면서 연락요원으로 활동한다든지 하면서 스스로 베일을 벗기 시작하는 경우가 늘어났다. 그러다가도 필요에 따라 베일을 써야 오히려 감시의 눈을 피할 수 있게 되면 언제든지 베일을 썼다. 이런 변화는 몸을 가리기 위한 과거의 전통이 이제는 해방의 도구로 변화되었음을 의미했다. 이 밖에도 파농은 해방투쟁이 식민지 피지배자들의 의식에 급진적 변화를 준 사례로서 라디오와 '현대 의학'을 더 거론한다. 하루 종일 알지도 못할 식민지 종주국의 언어만 뇌까리는 라디오는 그 자체로 식민지배의 상징이었다. 그러던 것이 해방투쟁 과정에서 FLN의 목소리를 전달하는 기능이 부가되자, 민중 스스로 그것을 적극적으로 수용하기 시작한다. 의사들에 대한 태도 역시 마찬가지였다. 민중은 유럽인 의사들이나 서구 의학이 해방투쟁에 기여할 수 있다는 사실을 발견한다. 물론 파농은 라디오나 서구 의학 자체가 민족의식을 형성한 게 아니라 민족적인 자각이 알제리 민중의 행동을 변화시켰다는 사실을 지적하려 한 것이었다.

　이 책은 특히 파농에 대해 널리 퍼진 오해를 불식하는 데 상당한 비중을 두고 있다. 무엇보다 무조건적인 폭력의 옹호자로서 파농을 간주하는 태도를 비판한다.

　파농은 물론 피지배 민중이 모든 힘을 잃은 채 극도의 절망상태에 빠져 있을 때 폭력은 파멸로부터 벗어나는 유일한 방식이라고 생각했다.

이것은 종종 오해를 받아왔는데, 파농이 모든 형태의 폭력을 옹호했다는 것이다. 이는 파농의 뜻과 전혀 다르다. 그는 "어떤 존재의 자아실현을 가로막는 폭력에 맞서 그것을 가로채어 상대에게 되돌려주는 것은 노예에서 벗어나 주인이 되는 행동"이라고 생각했는데, 이는 폭력 그 자체를 "하나의 목적으로 제시한 것이 아니라, 식민지 상태에서 존재를 해방시키는 데에 필요한 수단으로 제시한 것"(442쪽)이다.

이 책에서는 그러한 심각한 오해가 생긴 데에는 사르트르가 크게 기여했다고 지적한다. 파농의 책(『대지의 저주받은 자들』)에 쓴 다음과 같은 서문이 "파농을 기쁘게 하려다가 오히려 파농의 어조와 관심사를 왜곡시킨 꼴"(438쪽)이 되었다는 것이다.

"파농을 읽으십시오. 그러면 여러분은 알게 될 것입니다. 식민지 피지배자들이 무력감에 빠져 있는 시기에는 살인적인 광기가 그들의 집단적인 무의식이라는 것을."

"성미가 너무 격하거나 어떤 시절의 불행 때문에 파농에게 폭력에 대한 어떤 독특한 취향이 생겼다고는 생각하지 마십시오. 그는 역사적 상황의 해석자 역할을 하고 있을 뿐입니다."

파농이 해방투쟁 과정에서 농민의 존재 의미와 그 역할에 대해 과대한 기대를 걸었다는 비판도 만만치 않았다. 파농은 알제리 혁명 과정에서 농민들의 중요성을 강조하면서, 해방투쟁의 지도력이 그들의 정치의식을 고양시키는 작업을 소홀히 한다고 비판했다. 그도 역시 그들의 비조직적이고 감정주의적인 일면들을 부정하지 않는 것은 아니지만,

그럴수록 그들에 대한 올바른 정치화 작업이 중요함을 역설했던 것이다. "저개발국가에서는 삼백 명의 책임자들이 계획을 구상하고 결정하는 일이 중요한 의미를 갖지 않는다. 중요한 것은 설령 시간이 두세 배 걸릴지라도 전 민중이 계획을 이해하고 결정하는 일이다."(425쪽) 말하자면 민중이 진정한 주체가 되어야만 투쟁도 강화될 뿐만 아니라, 장차 건설될 국가의 기반도 강화된다고 생각했던 것이다. 마르크스주의에 입각해 파농을 비판하는 이들에 대해, 이 책은 파농이 "특정 시기의 역사적 경험을 말하고 있는 것이지, 농민 대중을 마냥 찬양하려는 것은 아니"(437쪽)라고 적절히 옹호한다.

  우리가 현재적 관점에서 파농을 다시 읽을 때 특히 감동 깊은 것은, 그가 단지 식민지 철폐와 독립만이 최종 목적이라고 생각하지 않았다는 사실이다. 그는 해방투쟁의 과정이 곧 미래에 건설될 독립국가의 형태를 규정한다고 생각했다. 그는 "네그리튀드나 '아랍, 이슬람 정체성' 같은 가치들에 집착하는 태도"를 적극적으로 비판했던 것이다. 해방투쟁 과정에서는 정교분리의 원칙을 강령으로 내세웠지만, 해방 이후 결국 이 원칙이 무산되고 만 현실은 파농이 왜 그토록 독립 못지않게 독립 이후의 사회체제에 대해서 신경을 썼는지, 그 혜안을 짐작게 한다. 그가 알제리 사회에서 이슬람을 과소평가한 것은 결코 아니었다. 그는 다만 이슬람이 과대평가되지 않기를 바랐을 뿐이다. 1960년대 이후 독립을 쟁취한 무수한 아프리카 국가들이 이후 종족주의나 이념의 기계적 추종과 결합한 새로운 권위주의로 인해 파행적 정치를 거듭한 역사적 사실도 파농의 경고에 대해 다시금 아쉬움을 갖게 만든다고 할 수 있다.

오늘, 식민지는 더이상 존재하지 않는다. 그렇지만 어느 누구도 오늘의 세계 질서가 모든 민족과 국가, 인종, 성(性)이 참다운 해방을 맞이한 상태라고 주장할 수는 없을 것이다. 지금 이 순간에도 세계 곳곳에서는 반세계화 시위가 벌어지고, 남미의 산악지대에서는 농민들의 투쟁이 이어지고 있다. 9·11 테러 이후 미국이 보여준 태도나 최근 이스라엘의 팔레스타인 침공사태 등은 개인이든 집단이든 진정한 의미의 주체로 서는 일이 얼마나 지난한지를 현실적으로 증명해 보인다.

파농이 살아 있다면 오늘 미국의 가공할 협박 때문에 결국 F-15기를 사들이고 마는 우리의 태도에 대해 무어라 말했을까? 여러 가지 정치경제적 고려 때문에 일본의 교과서 왜곡 문제를 접어두는 태도에 대해서는?

(2002년)

* 부기 저자 알리스 셰르키의 서문과 「파농 사후」 「오늘날의 파농」, 역자 이세욱의 「역자의 말」 등은 이 책의 '현재성'을 강화하는 데 큰 기여를 하고 있다.

_21세기 지구의 지정학

| 로버트 케이플런의 『지구의 변경지대』

21세기가 코앞에 닥쳐왔다. 많은 이들이 축제를 준비한다. 현재의 기술문명 수준으로 볼 때, 인간은 아마 인간을 복제하여 새 천년의 첫날을 맞이할지 모른다. 그러나 진단이 꼭 낙관적인 것만은 아니다. 발전과 성장은 필요악처럼 부작용을 동반하기 때문이다. 빈부격차, 환경파괴, 새로운 질병의 만연, 인구의 도시 집중, 농촌의 황폐화 등은 이미 고전적인 범주에 속한다. 그것들과는 차원부터가 다른, 도무지 21세기의 것이라고 생각할 수 없는 비합리적 '파멸의 요소'들까지 엄청난 속도로 퍼지고 있는 것이다.

케이플런은 지구 구석구석을 뛰어다니면서 이 음울한 진단을 확인한다. 아직도 인간의 존엄성이 휴지처럼 구겨지는 현장이 비일비재하다. 인류는 과연 21세기를 향해 나아가는 것일까? 서아프리카에서는 국민국가 시대 이전의 전근대적 무질서가 새롭게 번지고 있다. 군대와 범죄집단을 가려내는 일은 불가능하며, 차라리 냉전 시절이 행복했던 것처럼 보인다. 소련의 위협이 제거된 지금 서방이 관심을 가질 만한 일은 없기 때문이다. 정부는 도덕적 지배력으로나 공적 생활의 조직력으로서나 아예 존재하지 않는다.

"시에라리온이 국가입니까?"

그는 이렇게 묻는다. 이 질문은 소련의 붕괴 이후 '탄생'한 중앙아시아 여러 나라들에게도 똑같이 적용된다. 물론 터키나 이집트, 이란처럼 국가체계가 상대적으로 잘 정비된 나라들도 있다. 그러나 민족과 종교 문제로 넘어가면 그 나라들 또한 '합리적 이성'의 세력권 바깥에 존재한다. 적어도 미국인 케이플런의 눈에는 그렇게 보인다. 그는 이란의 한 도시에서 열심히 공부하는 대학생들을 만난다. 그렇지만 그들은 "석유자금으로 지급되는 급료를 받고 아무런 결과도 얻지 못하는 연구활동을 진행하면서 소중한 역사적 순간들을 헛되게 보내는 장기간의 안식년을 지내는 학자들과 같을" 뿐이다.

그는 문명에 지친 서구인답게 특히 발전과 성장의 그늘을 유심히 관찰한다. "소련은 공식적으로는 죽었지만, 그 시체는 수십 년 동안 썩으면서 시민적, 정치적, 환경적 부흥 노력에 찬물을 끼얹을 것"이라고 말한다. 그는 인도의 '라시계곡학교'에서 유일한 희망을 발견한다. 크리슈나무르티가 사막에 세운 그 학교는 생태계 부활이 문화부흥에 필수적이라는 믿음을 증명한다. 그러나 다시 태국에 간 그는 창궐하는 에이즈와 방콕의 엄청난 교통공해를 목격한다. 거기서 킬링필드의 유산이 남아 있는 캄보디아로 넘어가면?

그렇다. 모순이다. 세계 인구의 삼십 퍼센트가 아예 아무런 의료혜택도 받지 못하며, 오십 퍼센트는 화장실을 이용하지 못하는 게 현실이다. 케이플런은 결론을 내린다.

"가슴이 아프지만 이런 비참한 처지도 역시 정상적인 상황이라는 생각이 듭니다."

이 책에서 한국은 여러 나라가 부러워하는 모델로 제시된다. 그러나 책을 다 읽고 났을 때, 아무도 한국이 기술과 민주주의 건설에서 이룩한 커다란 발전으로 자만에 빠져서는 안 된다는 그의 경고를 무시할 수는 없을 것이다.

(1997년)

＊부기 다시 읽으면, 저자에 대해 내 비판이 좀더 드러날까. 하지만 지금 나 역시 지구의 미래에 대한 우울증을 벗어던지지 못하고 있다.

_아름다운 정원을 어떻게 빠져나왔을까
| 심윤경의 『나의 아름다운 정원』

신인작가 심윤경의 『나의 아름다운 정원』은 1977년부터 1982년까지 서울 한복판 산동네에 살던 한 소년의 성장기를 그린 장편 성장소설이다.

이미 우리는 성장소설이 무엇인지 알고 있다. 헤세의 『수레바퀴 아래서』는 억압적 제도와 규율과 맞서는 한 소년의 정신적 방황을, 조이스의 『젊은 예술가의 초상』은 예술적 정염에 휩싸이게 된 한 청년의 고통과 환희를 그리고 있다. 이렇듯 성장소설은 주인공이 싫든 좋든 자신을 둘러싼 대립적 세계와 맞서 싸우는 과정에 초점을 맞춘다. 독자는 어린 영혼이 처해 있는 상황이 극적이면 극적일수록 좋다는 일종의 사디즘에 암묵적으로 동의하는 셈이기도 하다. 우리 소설사에서는 그 상황이 상대적으로 더 극적일 수밖에 없었는데, 우리 역사가 그만큼 심한 굴곡의 궤적을 밟아왔기 때문이다. 가령 현기영의 『지상에 숟가락 하나』

는 앞에 언급한 어느 서구 작가들의 성장소설도 보여주지 못했을 만큼 지독스러운 세계(제주 4. 3) 속에 내던져진 주인공을 탄생시킨다.

『나의 아름다운 정원』이 배경으로 하는 시대 역시 만만치 않다. 그 시기는 박정희 정권이 유신을 통해 확립한 파시즘이 절정에 이른 때이며, 그에 맞선 민중의 저항의지 역시 5월 광주를 통해 뚜렷이 그 실체를 드러내던 무렵이기 때문이다. 우리는 이미 그 시기를 다룬 몇 편의 성장소설을 갖고 있다. 그런데 김인숙의 『'79-'80 겨울에서 봄 사이』를 비롯해서 대부분의 작품들에서는 주인공이 시대와 대결하고자 하는 의지를 '선험적으로' 지니고 있었다. 반면 『나의 아름다운 정원』은 화자가 초등학생이기 때문에 처음부터 그런 의지는 배제되어 있다. 그런 만큼 『나의 아름다운 정원』을 읽는 독자는 상대적으로 행복하다.

소설은 초등학교 1학년생 동구에게 동생이 생기는 것으로 시작된다. 그런데 그것은 축복이 아니라 갈등의 탄생이었다. "동생이 계집아이라는 사실을 알자마자 조산소에서 장장 네 시간을 울고 악다구니를 한 할머니는 자기가 산모이기라도 한 양 비틀거리며 집으로 돌아와서는, 안방에 그대로 널려 있는 화투짝들을 보자 눈에 핏발을 세우고 끝까지 신중하게 떼어보았다." 결과는? "사흑싸리 껍데기! 육시랄하게 복도 없는 지집년이 나왔구나!"

이 정도로도 독자들은 장차 이 집안에서 벌어질 갈등의 정체를 어느만큼 파악하게 된다. 끔찍할 정도로 남존여비 사상에 물들어 있는 할머니는 며느리를 달달 볶는 것을 낙으로 삼는 위인인데, 소설을 다 읽고

난 독자는 할머니의 전형성만으로도 이 소설의 의미를 인정할 수 있을 것이다. 즉 할머니는 어린 동구의 눈에도 이미 자신이 깨치고 나아가야 할 대립적 세계의 표징일 수밖에 없었다. 작가는 시종 신인답지 않은 입심으로 그런 할머니를 적확하게 그려낸다.

엄마는 산동네에 사는 주부답지 않게 세련된 인물인데, 그런 만큼 할머니나 그 품을 결코 벗어나지 못하는 효성 지극한 남편과 처절할 정도로 갈등을 일궈낸다. "날이 흐렸는데도 우산도 안 챙겨 다니는 정신머리 없는 사람들"을 비웃는 그녀는 아무리 열심히 일을 해도 시어머니로부터 늘 "야, 이젠 시에미를 지 새끼 다루듯 하는구나." "니가 평생에 쌀서 말을 어디서 벌어봤다고 니 맘대로 쌀을 퍼다 떡을 하냐?"는 욕만 얻어먹는다. 남편은 그런 아내를 갈기고 걷어차고 후려패는, 그렇지만 어쩌다가는 식구들을 데리고 외출도 하는 '교양'을 지니고 있다.

이런 가족 구성이 그다지 새로운 것은 아니다. 우리는 이미 무수한 작품들을 통해 우리 사회의 봉건적 가족제도에 대해 지칠 만큼 학습을 받아왔기 때문이다. 그런 만큼 이 소설을 빛나게 할 독특한 인물이 기다려지는데 그것은 바로 여동생 영주다. 할머니 때문에 자칫 '복자'라는 이름을 가질 뻔했던 영주는 오빠 동구의 눈에 "마치 갓 쪄낸 백설기나 두부처럼 하얗고 따뜻하고 향기"로운 존재로 비친다. 그 영주는 세 돌도 안 된 나이에 스스로 글을 깨쳐 아직 한글도 제대로 읽고 쓰지 못하는 오빠하고는 아예 비교의 대상조차 되지 않았다. 독자는 전혀 어울리지 않는 이 새로운 식구의 출현에 상당한 기대를 걸게 되는데, 나중에 그 기대는 처절한 아픔으로 바뀌면서 이 소설을 한 편의 탁월한 성장소설로 매듭짓는 데 결정적으로 기여한다. 말 그대로, 껍질을 깨는 아픔 없이 어찌 세상 속에 편입될 수 있단 말인가!

영주 못지않게 비중을 지닌 또 한 사람의 인물이 동구의 담임선생이다. 그녀는 당대를 지배했던 고루한 질서를 처음부터 거부하는 거의 유일한 '정치적' 캐릭터로 소설에 등장한다. 동구가 한글을 제대로 깨치지 못한 이유가 '난독증' 때문이라는 사실을 일깨워준 그녀는 보충수업을 통해 결국 제자를 '해독 가능한' 세상 속으로 끌어내는 데 성공한다. 그러나 그렇게 해서 동구가 발을 내딛게 된 세상은 과연 해독 가능한 것이었을까? 독자는 여기서 작가의 신인답지 않은 잔인함에 혀를 내두르게 된다. 동구가 결혼하고 싶어한 여선생은 소설에서 유일하게 시대에 대해 직접적으로 언술하는 하나의 기표로서 존재한다. 그러나 그것은 결국 소멸의 기표, 아니 소멸할 수밖에 없는 운명의 기표였다.

독서를 흥미롭게 하는 것은 비단 서사에만 있지 않다. 예를 들어 할머니의 입에서 시도 때도 없이 터져나오는 육두문자라든지 기막힌 관찰의 결과로 얻어낸 해학적 묘사(가령 "평소에는 시금치처럼 물렁하게만 봤던 사루비아도 낮으로 그 줄기를 훑으니 제법 까시러운 센 털이 있어서, 내 얼굴에는 채찍으로 맞은 듯한 흉한 벌건 줄이 대번에 죽죽 그어졌다."―아버지한테 걷어차여 나동그라지는 동구 생각!)는 소설을 기름지게 만드는 데 크게 이바지한다. 이는 미학적 엄숙주의에 빠져버린 최근 우리 소설의 경향에 대해 일침을 가하는 것으로 해석할 만도 하다.

그렇지만 이 소설에서 가장 중요한 상징은 산동네에 어울리지 않게 실재하는 삼층집의 아름다운 정원일 텐데, 책을 덮고 나면 아마 우리 모두 이제는 저마다의 기억 속에 아슬아슬하게 존재할 똑같은 정원에 대해 한동안 깊은 상념에 잠기게 될 것이다.

어린 내 영혼의 그 어떤 고통이나 슬픔조차 아름답게 만들어버렸던 정원!

도대체 우리는 그 정원을 어떻게 빠져나온 것일까?

(2002년)

_과거에서 미래를 본다

| 헬레나 노르베리 - 호지의 『오래된 미래』

십오륙 년 전 출판사에 다닐 때의 일이다. 어느 날 한 '화가'가 여럿이 함께 제작한 판화그림 뭉치를 들고 왔다. 달력을 만들어달라고 했다. 그 그림들이 기막혔다. 아무리 좋게 보자고 해도 유치원 담벼락의 괴발개발 낙서그림 같았기 때문이다. 선 하나 반듯한 게 없었다. 마치 산골마을 논두렁처럼 삐뚤빼뚤했다. 그 속에서 풍물재비들이 활짝 웃으며 춤을 추고는 있었지만, 솔직히 속이 편치 않았다. 대놓고 타박을 할 수는 없어서 돌려 물었다. 나오는 대답이 또 충격이었다. 다들 이 나라 최고의 미술대학을 나왔던 것이다. 우여곡절 끝에 결국 그 그림들로 달력을 만들었다. 시장의 반응이 꽤 좋았다. 꼭 그래서는 아니지만, 그 뒤 나는 그런 '논두렁그림파'의 지지자가 되었다. 어느새 그들이 내세우는 미학을 받아들였던 것이다.

그 미학이란 게 기존의 관념을 뒤집는 것이었다. 아그리파와 같은 석

고상을 그리며 데생을 공부하는 미술교육 방식하고는 천지차이였다. 선 하나에도 이 땅의 숨결이 묻어나야 한다는 것으로, 그들의 주장에 기대면, '미스코리아'는 결코 팔등신일 수 없었다.

우리가 흔히 '똥종이'라고 부르는 재생지에 인쇄한 『오래된 미래』를 통신 주문을 통해 어렵사리 구해 읽었을 때, 새삼 그때의 충격이 떠올랐다. 스웨덴 출신의 한 언어학자가 히말라야의 오지 라다크에 들어가서 처음 느꼈을 충격도 크게 다르지 않았으리라. 그곳 사람들은 지극히 가난하게 살고 있으되 누구 하나 웃음을 잃지 않았다. 풍족한 물질문명의 혜택을 누리고 살아온 서구인의 눈에 그것은 경이요 수수께끼였다. 그들의 삶은 철저히 자연에 순응하는 것이었다. 높은 영아사망률이나 아예 학교조차 없는 교육제도 따위를 야만이라고 비웃는 것은 서구적 세계관의 오만이다. 그 궁벽한 산간마을도 점차 문명의 융단폭격을 받고 만다. 코카콜라를 마시는 순간, 설산의 천연빙수는 사람들의 뇌리에서 사라지는 것이다. 16년간 현지에서 생활한 지은이는 여지없이 무너지는 라다크의 과거를 안타까워한다. 그렇다고 이 첨단문명시대에 돌도끼를 들자는 건 아니다. 세상은 이미 자급자족사회가 아니기 때문이다. 그는 다만 이제까지의 문명이 '삶의 다른 가능성'을 외면해온 사실을 지적하며, 발상의 전환, 즉 새로운 미래는 중심으로 치닫는 데서가 아니라 오히려 '탈중심화'로부터 열릴 수 있지 않을까 '조용히' 외치는 것이다. 어지러운 새해 벽두, 아파트에 갇혀 사는 나 또한 과거에서 미래를 보고 싶은 꿈에 사로잡힌다.

(1997년)

문학동네 산문집
책
ⓒ 김남일 2006

초판인쇄 | 2006년 5월 22일
초판발행 | 2006년 5월 30일

지은이 | 김남일
펴낸이 | 강병선
책임편집 | 조연주 김송은 김경미
펴낸곳 | (주)문학동네
출판등록 | 1993년 10월 22일 제406-2003-000045호

주　소 | 413-756 경기도 파주시 교하읍 문발리 파주출판도시 513-8
전자우편 | editor@munhak.com
전화번호 | 031) 955-8888
팩　스 | 031) 955-8855

ISBN 89-546-0155-3 03810

* 이 책의 판권은 지은이와 문학동네에 있습니다.
  이 책 내용의 전부 또는 일부를 재사용하려면 반드시 양측의 서면 동의를 받아야 합니다.
* 이 도서의 국립중앙도서관 출판시도서목록(CIP)은 e-CIP홈페이지
  (http://www.nl.go.kr/cip.php)에서 이용하실 수 있습니다. (CIP제어번호 : CIP2006001134)

www.munhak.com